Martín Lutero

Sermones para Semana Santa

Editorial Concordia

3558 South Jefferson Avenue, Saint Louis, Missouri, 63118-3968 U.S.A.

Traducido al inglés de: "Predigten D. Martin Luthers auf Grund von Nachschriften Georg Rörers und Anton Lauterbachs" editado por Georg Buchwald (Gütersloh: Bertelsmann, 1925).

Traducido del inglés al castellano por: Rev. Ewaldo Beckmann
Editor de la versión castellana: Rev. Héctor Hoppe
Tapa: Florencia Fau-Pieske

Editorial Concordia es la división hispana de Concordia Publishing House.

Impreso en los Estados Unidos de América.

Contenido

Introducción

Martín Lutero no quiso ser predicador. Cuando, siendo monje, fue designado para predicar en el convento de frailes de Wittenberg, argumentó no estar preparado para esa tarea. Más tarde, en 1514, cuando lo nombraron asistente del enfermizo pastor de la iglesia parroquial de Santa María de Wittenberg, también se sintió lleno de incertidumbre. Difícilmente pudo haberse imaginado entonces el impacto que su predicación tendría en su vida y en la iglesia.[1]

La Reforma fue, más que ninguna otra cosa, un resultado de la predicación de Lutero. El ataque contra las indulgencias comenzó con los sermones predicados a su congregación hacia principios de ese año y no, como con frecuencia se supone, con las 95 Tesis del 31 de octubre de 1517. (Las Tesis tuvieron su motivación incluso en la deficiente predicación de los vendedores de indulgencias y en el efecto que la predicación iba teniendo en los feligreses de Lutero). Lutero presentó como argumento en defensa de sus ataques en público no sólo su autoridad como profesor de la Biblia, sino también su llamamiento como predicador en Wittenberg, un llamamiento tan apremiante, que hizo que en 1522 abandonara la relativa seguridad del castillo Wartburgo para volver a Wittenberg a predicar ante su amado rebaño.[2] Sus manifestaciones públicas más populares no fueron las polémicas de argumentos cuidadosamente elaborados o la densa exégesis bíblica –destinadas particularmente para pastores y eruditos– sino sus sermones y literatura para la devoción. Dos de sus obras más descollantes, los catecismos Mayor y Menor, surgieron de su propia predicación catequística. Y muchos de sus sermones fueron preservados en sus devocionarios ("Postillen"), una colección de sermones y comentarios referidos a los textos designados para el año eclesiástico. Estos devocionarios a su vez dieron forma a la predicación y testimonio de generaciones de predicadores luteranos posteriores.

Desde 1514 hasta su muerte, Lutero predicó miles de sermones en el desempeño de sus obligaciones como asistente en Santa María. Al ir creciendo en notoriedad, muchos estudiantes (incluso Felipe Melanchton, al principio) copiaron sus sermones y en ocasiones los vendieron a impresores muy ansiosos por llenar los comercios de venta de libros con obras del autor más vendido del momento. Lutero también se encargó, a veces, de publicarlos él mismo. A mediados de 1520 el Consejo de la ciudad de Wittenberg se hizo cargo de hacer poner por escrito las palabras de Lutero. Por el resto del período de vida de Lutero, Jorge Rörer, entre otros, transcribió muchos de los sermones de Lutero, incluyendo los que están traducidos aquí.

Aunque sólo han sido guardados alrededor de la mitad de los sermones de Lutero, aún así son los que llenan la mayoría de los volúmenes en la edición crítica de sus obras. Aparte de los siete volúmenes traducidos al inglés de la edición americana de las Obras de Lutero,[3] también se ha reimpreso recientemente una primera versión del siglo 20 del devocionario (*Postille*) de Lutero, editada por John Nicholas Lenker. También hay disponibles en inglés extractos de su predicación de Navidad y Pascua.[4]

Los sermones que siguen a continuación y que comprenden la predicación de Lutero de Semana Santa y Pascua de 1529, nos muestran a Lutero en la cumbre de su talento de expositor y demuestran el alcance de su preocupación pastoral. Estos sermones, que no fueron publicados durante la vida de Lutero (con una excepción), existieron en forma de notas tomadas de dos o a veces hasta de tres fuentes por separado, las que registraron las palabras de Lutero en una mezcla de estenografía alemana y latina. Se publicaron primero en la edición crítica de las obras de Lutero de 1904. Los eruditos reconocieron sin demora su utilidad para los pastores y predicadores de hoy día. Consecuentemente, Georg Buchwald publicó en 1925 una recomposición de los sermones predicados entre 1528 y 1532, basada mayormente en las notas latino/germanas de Rörer.[5] Su obra la dedicó al erudito profesor luterano americano John Michael Reu, uno de los más afamados profesores del Seminario Wartburgo de Dubuque, Iowa, EE.UU. de N.A., cuya obra acerca de los catecismos luteranos del siglo 16, incluyendo los de

Lutero, sigue siendo insuperable. Esta traducción se basa mayormente en la obra de Buchwald. Sin embargo, después de la Segunda Guerra Mundial, Edwin Mülhaupt publicó recomposiciones mucho más extensas, las que ampliaron el material de Buchwald al remitirse a otros anotadores y no sólo a Rörer, y verter las palabras de Lutero a un alemán más moderno. Este volumen presente utiliza también estos elementos a fin de proporcionar un texto más completo.[6]

Lo mismo que las obras tanto de Buchwald como de Mülhaupt, los sermones aquí traducidos pretenden ser un auxilio para la predicación. La predicación de Semana Santa y Pascua sigue poniendo a prueba la capacidad de los pastores cristianos de hoy día. Los sermones de aquel predicador retraído y sin embargo brillante de Santa María de Wittenberg, son un medio con el que pueden contar ahora con confianza. Sus introspecciones en el texto bíblico y la condición humana, en la Cena del Señor y la Pasión y Resurrección de Cristo, pueden ser aún un desafío y estímulo para la proclamación cristiana de hoy en día.

La condición de Lutero en 1529

El mejor de los tiempos; el peor de los tiempos. La famosa introducción de Dickens a su novela "Historia de dos ciudades", describe también el paisaje político y religioso del Wittenberg de Lutero, de 1529. En la Sajonia del electorado, hubo, desde 1527, grupos de teólogos, juristas y consejeros de la corte, que recorrieron los territorios del príncipe en todas las direcciones en una extensa inspección de iglesias. "¡Dios mío, cuánta desgracia percibí!", exclamó Lutero en el prefacio al Catecismo Menor de 1529, al reflexionar acerca de su propia breve experiencia de visitador. Los pastores recibían con frecuencia un salario exiguo o ningún pago en absoluto, y además carecían de capacitación; los feligreses habían aprendido el sutil arte de abusar de la libertad cristiana al haber perdido vigencia las leyes medievales que gobernaban la vida religiosa. Las congregaciones estaban aún sin organizar, como consecuencia de la Revuelta de los Campesinos de 1525. Y la inspección, llevada a cabo sin el permiso de los obispos regulares ligados a Roma, había causado una crisis política en el Imperio, lo que en todo caso llevó a la convocatoria de la Dieta Imperial en Augsburgo y la presentación de la Confesión de Augsburgo de 1530.

Los desafíos que se presentaban en Wittenberg eran algo menos intimidatorios que en el resto de Sajonia. La vida de adoración había comenzado a cambiar en 1521-22 con los primeros ejemplos de la comunión de los legos con las dos especies (pan y vino). Después de un período inicial de inquietud, en el que algunos teólogos, como Andreas Rudolf Bodenstein von Karlstadt y Gabriel Zwilling, incitaron a la destrucción de imágenes y cambios en la liturgia, intervino Lutero con mano firme y fijó un rumbo diferente. Las imágenes quedaron; el latín fue el idioma de la liturgia, en tanto que el alemán se iba introduciendo paso a paso después de 1525; la gente podía comulgar con una o ambas especies (una opción que se mantuvo hasta 1540). En 1529 la mayoría de la congregación de Lutero tuvo clara conciencia de las diferencias entre su anterior vida "durante el gobierno del Papa" y su vida de entonces "en el evangelio", utilizando la terminología propia de ellos. Los enemigos de Wittenberg y de su fraile agustino rebelde, continuaron molestando a la congregación. Entre éstos se contaban no solamente los que apoyaban a Roma, sino también quienes apoyaban a los fallecidos líderes de la Revuelta de los Campesinos y los así llamados sacramentarios, quienes negaban la presencia de Cristo en la Santa Cena. Preocupante fue también la ignorancia y el querer aferrarse a las tradiciones del pasado. Los de la oposición no se encontraban sólo a la distancia, sino que venían del pueblo más cercano o del ducado vecino. Los sermones de Semana Santa brindaron a los predicadores de Wittenberg la oportunidad de referirse a la incertidumbre en que se encontraban sus conciudadanos, en particular respecto de la Santa Cena.

En 1529, sin embargo, la tarea de predicar quedó completamente a cargo de Lutero. Durante la primavera de ese año, Johannes Bugenhagen, el predicador principal de la iglesia Santa María, aún se encontraba lejos reformando las ciudades de Braunschweig y, más tarde, Hamburgo. Esta circunstancia hizo que Lutero quedase a cargo de la mayor parte de las tareas de predicación. Durante la Semana Santa y la primera semana de Pascua, once días en total, Lutero predicó dieciocho sermones.[7] De ese total, el primero estaba referido al Domingo de Ramos e incluía una extensa exhortación a la Confesión, y los cinco subsiguientes a la Santa Cena. Los once subsiguientes, predicados a partir de la tarde del Jueves Santo hasta la tarde del Martes de Pascua, tenían que ver explícitamente con la muerte y resurrección de Jesús. El sermón final, del Miércoles de Pascua, tomó los comentarios de Pablo acerca de la resurrección de Cristo en 1 Corintios 15, con el objeto de investigar la pregunta referente a la resurrección en el Día del Juicio Final. El conjunto proporciona un vistazo a lo que Lutero en realidad predicaba a su propia congregación, cómo percibía sus necesidades y cómo moldeaba el evangelio según la capacidad intelectual de ellos.

Sermones 1–6: Instrucción acerca de la Santa Cena para la gente sencilla

En nuestros días, en que los ánimos están agitados en asuntos de religión, es comprensible que los pastores se quejen a veces de la preparación religiosa menos que adecuada de los miembros de sus congregaciones. Pero nada se compara con los disturbios e ignorancia de los días de Lutero. En aquel tiempo, todos los adultos habían tenido la experiencia de métodos muy disímiles en cuanto a la confesión de pecados en la confesión privada, llamada el Sacramento de la Penitencia, y en cuanto a la Santa Cena. Siendo que muchísimos de los feligreses de Lutero seguían fieles a la tradición de confesarse y comulgar durante la Semana Santa y Pascua, aprovechó la oportunidad de instruirlos respecto de estos temas. Tanto éxito tuvieron estos sermones, que fueron la base para sus comentarios respecto de ambos temas en el Catecismo Mayor, el cual estaba escribiendo precisamente en ese tiempo.[8]

En el único sermón acerca de la Confesión, Lutero exploró territorio desconocido para un predicador evangélico, ya que tuvo que evitar tanto la "carnicería de almas" de los reglamentos eclesiásticos del pasado, que exigían una confesión anual, y el abuso de la libertad que mantenía a la gente completamente alejada de la confesión. Lo hizo enfocando la atención en la palabra de la absolución, "la obra de Dios", en la que los pecados son verdaderamente perdonados y las cargas quitadas de los débiles. Lutero se dio cuenta de que lo que atraerá a la gente a la confesión es lo mismo que hace que un pordiosero se acerque al lugar donde ofrecen abrigos gratis: El regalo y nuestra evidente necesidad. (Volvió a pasar revista a estos argumentos el Jueves Santo de mañana al exhortar a su gente a participar de la Cena del Señor.)

Lutero expresó sus comentarios respecto de la Cena del Señor en un marco que podrá sorprender a un auditorio del siglo 21. Se dio cuenta que, de acuerdo con la práctica de Wittenberg, los buenos ciudadanos de esa ciudad habrán oído acerca de la Santa Cena al menos cuatro veces al año, durante los sermones regulares referidos al catecismo. No obstante, predicó al respecto ampliamente, "porque la palabra de Dios y su obra en el mundo se reciben de tal forma que Satanás no permite con agrado que se mantengan en su uso y esencia verdaderos". La instrucción catequística y los sermones doctrinales no fueron para Lutero una cuestión de informar a los interesados sino de defender a los que eran atacados. La apuesta era grande: La palabra de Dios siempre despierta la ira de Satanás, particularmente en algo tan consolador como la Cena del Señor.

Los sermones de Lutero tocaban temas variados, pero todos bajo la protección del poder y la autoridad de la palabra de Dios. En los primeros abarcó la institución de la Santa Cena y el asunto de la comunión con las dos especies. Aquí la cuestión giraba alrededor del mandato de Cristo de "¡hagan esto!" Abordando particularmente el argumento que porque la iglesia había aceptado el evangelio tenía autoridad de cambiar cosas tales como la comunión con dos especies, Lutero insistió en que al aceptar una autoridad quedamos sometidos a ella, y no en una posición superior. Más aún, siendo que de acuerdo con el texto la Santa Cena fue dada a los "discípulos", y que los discípulos incluían también mujeres, según demuestra la referencia a Tabita en Hechos 9, el mandato de beber incluyó a todos los creyentes, no a los sacerdotes solos.

Si el diablo trataba de robarles a los creyentes parte del sacramento en la práctica católicarromana, también intentaba robarles todo en la pretensión de los sacramentarios de que Cristo no estaba presente en el pan y el vino. Lutero llevó nuevamente a la arena la autoridad de la palabra de Dios en contra del argumento racional de que si Cristo está en el cielo no puede estar en el pan. "Deben arrancarse los ojos de la razón y arrojarlos al foso del infierno. En vez de esto, deben dejar que la palabra de Dios prevalezca como verdad y aferrarse a ella con ojos y oídos cerrados." Para Lutero, este desafío de aferrarse a las claras palabras de la institución de Cristo en la Santa Cena, desarticuló la astucia engañosa de Satanás, que había socavado la confianza de Adán y Eva en Dios con una sola pregunta: "¿Pero por qué?"

El sermón del Martes de Semana Santa volvió al argumento de los católicorromanos de que la misa es un sacrificio, después de haber tratado la pretensión de los sacramentarios. Si éstos recelaron respecto de la palabra de Cristo "esto es mi cuerpo", los católicorromanos a su vez pasaron arrogantemente por encima de la frase "entregado por ustedes". Esta sencilla y doble promesa ("mi cuerpo" y "entregado por ustedes") hizo ver a Lutero que los beneficios de la Cena del Señor y, por tanto, la debida preparación para recibirlos, consistían en la fe solamente. Si bien por un lado "el diablo y todos los papistas tienen la primera fe" (en la presencia de Cristo), no pueden creer la segunda, que el sacramento es "por ustedes". Así como en el Catecismo Mayor, en el lenguaje de Lutero, entonces, ocurrió un cambio sutil: Una y otra vez calificaba a la Santa Cena de tesoro.

La ubicación central del mandato y la promesa de Cristo sirvió como base de la exhortación de Lutero para la Santa Comunión. Como en el caso de la Confesión, la gente había comenzado a descuidar el Sacramento siendo que la regulación respecto de la comunión una vez al año había caducado. Lutero demostró estar en la cumbre de su oficio pastoral al utilizar tanto el mandato de Cristo, el tesoro de la Santa Cena, y la desesperada necesidad de su auditorio, para atraer a la gente a la Mesa del Señor. Él mismo había experimentado la debilidad de ellos y conocía las tretas de Satanás de primera mano; no contaba con autoridad eclesiástica alguna, sino sólo con el poder de la Palabra, para que su gente obrara a conciencia. Este sermón final, igual que el pasaje equivalente del Catecismo Mayor, definieron un método radicalmente evangélico a ser empleado con cristianos inactivos, aletargados, del que los pastores y las congregaciones de hoy día también pueden aprender una que otra cosa.

Sermones 7–18: La muerte y resurrección de Cristo para la gente sencilla

Entre los himnos que Lutero escribió para el "Pequeño libro de himnos espirituales" de Johann Walter del año 1524, el primer himnario evangélico, se contaba "Christ lag in Todesbanden" ("Cristo en prisión de muerte yacía").[9] El contenido de este himno expresa casi todo lo que Lutero tenía que decir respecto a la muerte y resurrección de Cristo. Dice en parte:

> Extraña contienda ésta
> que muerte y vida libraron;
> la vida, victoriosa,
> la muerte engulló.
> La Escritura testimonio da,
> que una muerte la otra tragó,
> destruido su aguijón está. ¡Aleluya!
>
> He aquí el verdadero Cordero pascual,
> el cual Dios quiso darnos,
> que en ardiente y grande amor,
> en cruz maldita fue inmolado;
> su sangre, en nuestra puerta es señal;
> a ella la fe indica; la muerte ya pasó,
> Satán ya no nos daña. ¡Aleluya!
>
> El pan de Pascua verdadero,
> comamos hoy, el pan del cielo;
> la levadura vieja y mala,
> purgado ha la Palabra de la gracia.
> Cristo el alimento quiere ser,
> y satisfacer el alma sólo él;
> vida no hay en otro para la fe. ¡Aleluya!

Lutero pintó aquí a Cristo como vencedor, pero en una "extraña y terrible" (*wunderlich*) contienda; marcó con énfasis la claridad de la Escritura y el lugar central que ocupa la muerte de Cristo por nosotros, a la que la fe señala frente a los ataques del diablo; el cristiano entona aquí que Cristo solo salva y, por lo tanto, las obras quedan excluidas.[10]

En realidad, este himno revela a las claras que para Lutero la proclamación de la muerte y resurrección de Jesucristo crea la fe al eliminar todos los objetos espurios en los que depositamos nuestra confianza (tales como las obras, la razón, el libre albedrío) y dejarnos sólo en la compañía del "justo", que al levantarse victorioso sepultó nuestros pecados en su tumba. Predicar a Cristo crucificado es adjudicarnos directamente las palabras de la cruz a fin de que nazca la fe; predicar a Cristo resucitado es adjudicarnos a nosotros, en nuestra debilidad, su triunfo sobre la muerte, del que fueron testigos, en su debilidad, las mujeres y los discípulos.

Durante su carrera Lutero había publicado, además, comentarios respecto de la muerte y resurrección de Cristo. En la primavera de 1519, en el calor de la contienda con Roma y los preparativos para los debates de Leipzig con su opositor de por vida, Juan Eck, publicó un ensayo titulado "Sermón acerca de fijar la vista en el sufrimiento de Cristo", traducido generalmente como "Meditación acerca de la Pasión de Cristo".[11] Este sermón (palabra utilizada aquí como término técnico para un ensayo acerca de un tema) probablemente tuvo su inicio en la predicación de Lutero respecto a la muerte de Cristo, durante los cultos de Viernes Santo de ese mismo año. Lutero lo incluyó en las Meditaciones de Cuaresma (*Fastenpostil*), publicadas en 1525.

A fin de apreciar la singularidad de los comentarios de Lutero acerca de la muerte de Cristo, debemos recordar cuáles fueron las alternativas de aquellos días. En 1519 escribió: "Hay personas que meditan respecto de la Pasión de Cristo despotricando contra los judíos. ...Eso podrá ser una meditación respecto de la perversidad de Judas y los judíos, pero no acerca de los sufrimientos de Cristo."[12] En 1529 criticó a los que no tienen idea de qué se trata en la historia de la Pasión y sólo la utilizan para "conseguir que las ancianas gimoteen, e incluso señalar detalladamente la maldad de los judíos". Lágrimas y odio por los judíos erraban el blanco. "Antes bien, deben considerarse las profecías de los santos profetas, particularmente Isaías, en que se presenta la Pasión de Cristo como castigo por nuestros pecados." Es más, incluso dijo que siendo que la palabra "judío" significaba "uno que da testimonio", entonces los que honran a Cristo eran verdaderos judíos.

En realidad, ambos métodos (lágrimas y odio) eran moneda corriente en la iglesia del último período del medioevo. Por un lado, la Pasión se presentaba con marcado realismo –en las pinturas de las postrimerías de la Edad Media la sangre brota por doquiera– para lograr que la audiencia sintiese lástima de Cristo y tristeza por sus pecados, y de este modo prepararlos para la penitencia y obrar la reparación por sus pecados mediante el sufrimiento propio. Hacia 1529 este método formaba parte del pasado de la audiencia. Solían oír que sus propios sufrimientos y paciencia quitaban el pecado. A fin de continuar combatiendo esta noción, Lutero señaló que "todo el sufrimiento amontonado" no podría quitar un solo pecado, y que por tanto había una diferencia ilimitada entre el sufrimiento de Cristo y el nuestro. Si el sufrimiento nos hiciera piadosos, entonces el diablo sería el más piadoso de todos.

Por el otro lado, la predicación del medioevo era un ataque contra los judíos y a veces la causa inmediata de los acostumbrados pogromos de Semana Santa. La predicación de Lutero frenó ambos acometimientos. Por más despectivo que fuera su ensayo en contra de los judíos, escrito en sus últimos años de vida,[13] lo cierto es que Lutero eliminó de un solo golpe de los púlpitos evangélicos la predicación de Semana Santa contra los judíos. Los sermones de Semana Santa publicados por los luteranos durante el siglo 16 rara vez mencionan a los judíos. También dejaron de utilizarse las descripciones referidas a los horrores del sufrimiento. Lutero incluso se tomó la molestia de señalar, en 1529, que en realidad la crucifixión fue descrita con un solo versículo en todos los evangelios, ¡porque los evangelistas tenían cosas más importantes que hacer!

En el mismo sermón de 1519 Lutero eliminó también la contemplación (la que considera meramente una manera "de procurar el provecho propio [de uno]"), sentir compasión, y escuchar simplemente la recitación de la historia, como si esto produjese resultados *ex opere operato.*[14] En cambio, Lutero insistió en que

> quienes contemplan correctamente la Pasión de Cristo son los que la miran con un corazón estremecido de terror y una conciencia desesperada… Y si con toda seriedad consideras que es sin lugar a dudas el

> Hijo de Dios… quien sufre, ciertamente estarás aterrorizado. Cuanto más pienses en ello, tanto más atemorizado quedarás.[15]

Lutero continuó diciendo: "Debes meterte esto en la cabeza y no dudar que eres tú quien tortura a Cristo de tal manera, porque tus pecados ciertamente han obrado esto."[16] Ahora queda claro por qué Lutero eliminó la predicación en contra de los judíos: Ellos no lo hicieron, fuimos nosotros. Era peor que verse mezclado, como autor intelectual, en la muerte del hijo de un rey.

> Deberías estar aún más aterrorizado por la meditación en la Pasión de Cristo. Porque los malvados, los judíos, a quienes Dios ha juzgado y echado fuera, fueron solamente los siervos de tu pecado; en realidad eres tú [ustedes] quien [quienes], como dijimos, has [han] matado y crucificado al Hijo de Dios por tu [sus] pecado[s].[17]

Lo que el papa declaró después del Vaticano II, esto es, que no debía culparse a los judíos por la muerte de Cristo, esto ya lo había proclamado Lutero en 1519 y 1529 y transmitido a sus herederos teológicos, de modo que Johann Heermann pudo escribir cien años después: "¿Cuya es la culpa? ¿Quién te ha flagelado? Sí, mi traición, Jesús, te ha destrozado. Fui yo, Señor Jesús, yo te he negado y crucificado."[18]

Lutero también insistió en que la predicación de la cruz nos afecta a nosotros. No es información para la contemplación o un drama para recreación. Se trata del asesinato del Hijo de Dios y de desenmascarar a los asesinos, nosotros. Y esto de desenmascarar no se logra por nuestra voluntad, esfuerzo, obra o habilidad contemplativa, sino que es Dios sólo quien lo otorga al estrangular al viejo hombre.

Debido a que lo de estrangular está en manos de Dios y no en las nuestras, para Lutero esto contuvo implícitamente el corazón de la teología de la cruz, la cual no es una teoría acerca de la cruz o de cómo obra, sino la "revelación de Dios en forma de contradicciones" o, para expresarlo en lenguaje moderno: "Dios revelado, oculto en el último lugar en que buscaríamos." Consecuentemente, algunos de los que nunca piensan en la Pasión de Cristo quedan, pese a ello, aplastados por la maldad, mientras que otros meditan acerca de la Pasión de Cristo pero jamás tienen ni la más vaga idea de la maldad que anida en sus vidas. "Para [los primeros] la Pasión de Cristo está oculta y es genuina, mientras que [para los otros] sólo es irreal y confusa. De esta manera, Dios frecuentemente hace que las cosas reviertan..."[19]

Precisamente para éstos, los derrotados y estrangulados, tenía Lutero buenas noticias: La resurrección es la única solución para la circunstancia problemática del pecador. La predicación de la cruz del medioevo buscaba inducir la persona a que procure el sacramento de la penitencia y comience o continúe la vida de penitente, tratando de lograr, por medio de las propias acciones, reparación por el castigo temporal del pecado. De este modo, el sistema sacramental se convirtió en la solución del dilema del pecador planteado por la muerte de Cristo. Al rechazar Lutero todo el sistema de penitencia de la iglesia, revirtió al enfoque patrístico respecto de la resurrección. Si nuestro pecado mató a Cristo, entonces es sepultado con Cristo. Pero él resucita sin ese pecado y llega a ser, como dijo Lutero en otra ocasión, el pecado del pecado y muerte de la muerte. De tal manera que Cristo resucitado es exactamente el justo sin pecado, de quien nos asimos por la fe sola.

En esta transferencia de nuestro pecado a Cristo debemos arriesgar todo. "Cuánto más tu conciencia te atormenta, tanto más tenazmente debes aferrarte a [los pasajes de la Biblia que cargan nuestros pecados sobre Cristo]." Si, en cambio, nos fiamos de nuestra contrición o penitencia –advertía Lutero– la consecuencia de tal actitud nos abrumará y el pecado seguirá con nosotros. "Pero si lo vemos cargado sobre Cristo y vencido por su resurrección, y confiadamente lo creemos, entonces [el pecado] está muerto y anulado. El pecado no puede permanecer sobre Cristo, ya que es absorbido por su resurrección."[20] La insistencia de Lutero en que nuestro pecado clavó a Cristo en la cruz, lejos de convertirse en una "teología de decrepitud", o un método mediante el cual manipular a las personas a sentirse culpables, era simplemente el filo cortante de las buenas nuevas de la resurrección. Dios no permitirá que tus acciones malas, tu rebeldía, tengan la última palabra.

Como consecuencia de este nuevo enfoque respecto a la resurrección, la fe sola se convirtió en el centro de la relación del cristiano con Dios. Es decir, la proclamación de la muerte y resurrección de Cristo, no algo que sucedió detrás de la escena o algún ejemplo o sentimiento que pueda evocar, sino la proclamación misma releva la muerte y resurrección de los rebeldes hijos de Adán y Eva. Esta proclamación hace polvo todas nuestras pretensiones de "lograr" nuestra relación con Dios y las reemplaza con la fe sola. Aquí tienes a Cristo para ti; aquí tienes perdón para tu pecado; aquí, en la muerte de Cristo perpetrada por ti, y en la resurrección efectuada por Dios. De esa proclamación nace la fe. Y, como previendo los cristianos de nuestro tiempo que tranquilamente confían en las obras y hacen que la fe sea una decisión religiosa nuestra, Lutero rehusó convertir la fe en una obra. Concluyó:

> Si... no puedes creer, debes implorar a Dios por fe. Esto también está completamente en las manos de Dios. Lo que dijimos respecto al sufrimiento también tiene su aplicación aquí, es decir, que hay veces en que la fe se otorga abiertamente, otras en secreto.[21]

Al mismo tiempo, Lutero exhortó a los cristianos que tienen dudas, a no quedarse mirando fijamente el terror de la muerte de Cristo sino su bondad y amor, cuyo motor es el amoroso corazón de Dios. Nuevamente la teología de la cruz rescató a Lutero y sus lectores de quedarse contemplando las aterradoras decisiones de Dios.

> Conocemos correctamente a Dios cuando lo comprendemos en su bondad y amor, y no en su poder y sabiduría (porque entonces se demuestra aterrador). En esa condición la fe y la confianza tienen la habilidad de existir, y es entonces que [la persona] nace verdaderamente de nuevo en Dios.[22]

Sólo después de haber tratado de persuadir a sus oyentes respecto de la muerte y resurrección de Cristo, sugirió Lutero que para el "corazón arraigado en Cristo" la cruz podía llegar a convertirse en un modelo para toda la vida.

En 1529 Lutero elaboró más detalladamente los contornos básicos de su pensamiento esbozado en 1519. En los primeros sermones acerca de la Pasión y la Resurrección (Jueves Santo de tarde y Domingo de Pascua de mañana) brindó una introducción general a estos temas. A continuación prosiguió con el método de relatar la historia versículo por versículo, para beneficio –según él mismo reconoció– de la gente sencilla "que no sabe qué ocurrió en ese día".

Uno de los mejores ejemplos del método sencillo de Lutero de cómo considerar la muerte y resurrección de Cristo, lo encontramos en su sermón dedicado a la reciprocidad entre Jesús y el criminal en la cruz. Para Lutero no existía ejemplo mejor de consuelo en toda la Biblia que el ruego del criminal: "Jesús, acuérdate de mí." El criminal es el primer creyente, el verdadero abad. Su corazón es más grande que cielo y tierra. Debe haber tenido ojos purificados para ver a Cristo como salvador. La reciprocidad entre Cristo y el criminal bosquejó la obra que Cristo emprendió con nosotros. "Éste es el evangelio, que uno llega a ser cristiano mediante Cristo, no mediante las obras. Es ésta una fe de tal excelencia, que es un gozo."

Aunque Lutero se ajustaba a la historia, tenía sin embargo un método diferente de los pasionarios de la época, libros que presentaban las burlas inferidas a Cristo con detalles horrendos.

Si bien no rechazó explícitamente tales descripciones, insistió, sin embargo, en que lo realmente importante era que el evangelio del reino prometido de Cristo siempre es blanco de burlas y al mismo tiempo crea la fe.

Los sermones de Lutero de 1529 ponen al descubierto la tensión, paradoja y desplazamiento de la muerte a la resurrección –punto central para la experiencia de Lutero en relación con la palabra de Dios– en el texto, los signos y las palabras de Cristo. Por ejemplo, Lutero podía reflexionar acerca de la inscripción sobre la cruz, de que hasta el día de hoy hay quienes ven a Cristo como un revolucionario, pero los creyentes lo confiesan como rey. Los propios opositores de Lutero también infiltraron la historia y lo ayudaron así a definir para sus oyentes diferentes clases de incredulidad. Otros predicadores de la Pasión que no entendieron esto se encontraban en el ducado vecino o en el monasterio[23] e incluían a "entusiastas", anabaptistas y revolucionarios.

Lutero acometió también contra lo que incluso hasta hoy sigue siendo la manera más prevaleciente de ver la muerte de Cristo, esto es, como un ejemplo. Esa teoría decía: Así como Cristo sufrió por el pecado [original], del mismo modo debemos nosotros sufrir por nuestro pecado de todos los días. Lo que Lutero rotuló como teología monástica e idolatría (el culto a nuestro sufrimiento), lo rechazó de plano como contradictorio a lo que para él era el texto central de la crucifixión: "¡Aquí tienen al Cordero de Dios, que quita el pecado del mundo!" No es de admirarse que en el altar de Wittenberg Lucas Cranach retratara a Lutero en el púlpito señalando, como Juan el Bautista, al Cristo crucificado para beneficio de sus oyentes. Quizá el artista aún podía oír a Lutero decir: "No mezclen su sufrimiento con el sufrimiento de Cristo, sino sepárenlos uno del otro como el cielo de la tierra o el oro del estiércol."

Después de todo, Lutero interpretó a veces el texto como un ejemplo para nosotros. La debilidad de Cristo en Getsemaní es "un ejemplo que ha de confortarnos" en nuestra propia debilidad y en nuestro tratamiento de la debilidad de los demás. Al mismo tiempo produce otro resultado. "Cuando veas a Cristo en su debilidad, piensa que 'son tus pecados.'" Pero Lutero se apresuró a agregar: "Pero ésta es, más allá de toda comparación, la cosa más difícil de todas; no se ajusta a nuestras expectativas. ¿Acaso puede la razón creerlo?" Estas palabras captan la magnitud de lo que demanda la Cruz y la dificultad de comprenderlo por la fe. No obstante, ése es el núcleo del mensaje de la Pasión. Después de hacer notar que la Pasión comienza en el huerto porque la caída acaeció en un huerto, Lutero prosiguió, diciendo:

> Tomen nota cuidadosamente de las llagas y heridas de Cristo, porque éstas son nuestros pecados. Y escrito en las ligaduras, cadenas y golpes, lean: ¡Mis pecados, los míos, los míos!, a fin de que nos cuidemos de jactarnos de nuestros propios sufrimientos.

De vez en cuando Lutero discutió algunas dificultades del texto con su congregación, pero por lo general, como en el caso de cuántas veces fue interrogado Cristo por el Sanedrín, volvió al punto principal para concluir: Él sufrió por mí, "como si esto estuviese escrito encima [de su humillación]: ¡mi pecado!" Johann Heermann lo comprendió y lo vertió en su himno, "Oh, santo Jesús": "Por mí, buen Jesús, te hiciste hombre, por mí tu tristeza mortal y la ofrenda de tu vida; tu muerte, congoja y amarga pasión, por mi salvación."[24] Y Paul Gerhardt escribió: "Tu aflicción y amarga pasión fueron para provecho de los pecadores; mía, mía fue la transgresión, mas tuyo el dolor mortal."[25]

Lutero se preocupó especialmente por explicar algunas de las palabras de Cristo en la cruz, particularmente las que se encuentran en Lucas. Fueron las palabras, "Padre, perdónalos", que demuestran que Cristo es verdaderamente nuestro sumo sacerdote, en absoluta obediencia al Padre, ofrendando su propia sangre y orando por nosotros. "Nuestras capuchas y tonsuras no sirven. La oración del sumo sacerdote tiene que ayudar."

Lutero rehusó insistentemente transformar la fe en una virtud humana y, al contrario de los entusiastas de nuestros días y los de él, quienes insisten en la seguridad de su fe y se jactan de ello, tomó un curso de acción totalmente diferente. Para él, la fe coexistía con la duda y la incertidumbre. Contrastando la seguridad de los que se mofaban de Cristo, con la agonía del crucificado, expresó:

> Creemos en Cristo, pero a veces nos deja tan solos, como si no existiese un Dios que nos quisiera, y parecemos tan abandonados, que pueden burlarse de nosotros y deleitarse en ello. Esta circunstancia entristece mucho a los cristianos, cuando ven dentro de ellos tal lucha y temor, pero por otro lado tantas fuerzas.

El papel del diablo también se realzó en estos sermones. Así pues, Lutero describió toda la furia del diablo, normalmente reservada para nosotros, amontonada sobre Cristo. Esto significa que cuando el diablo oye el nombre Jesucristo pronunciado con verdadera fe, está vencido, queda "como fulminado." Aquí y en otros lados, los acordes de "Castillo fuerte", publicado por primera vez en 1528 ó 1529, resuenan en todos los sermones de Lutero. Se notó con más claridad aún en los sermones de Resurrección.

Entre los sermones de Pascua, el primero de Lutero del Domingo de Pascua de mañana, presentó el tema en su totalidad. Nuevamente mostraba preocupación por las interpretaciones erróneas de la Resurrección, particularmente las de los que piensan que la Resurrección es simplemente otra historia pintada sobre la pared. En lugar de esto, encaminó a su audiencia a la secuencia que incluyó en los himnarios de Wittenberg: "El Señor resucitó; muerte y tumba ya venció. ¡Oh! cantad con alegría:¡nos conforta en este día!"[26] De modo que en la Pascua no debes ver simplemente el acontecimiento de la Resurrección, sino que sucedió *para ti.* Una vez más, es la fe sola la que vigoriza el sermón. No alcanza con decir: Cristo es rey y salvador, sino "Él es *mi* Salvador y *mi* rey."

Encontramos aquí nuevamente el lenguaje de "Castillo fuerte", que nombra a Jesucristo como el "*rechter Mann,*" o sea, el auténtico campeón. "Pero cuando pones tu fe en sus obras, entonces es un campeón, gigante y héroe tal, que tuvo que vérselas, uno tras otro, con las puertas del infierno, todos los diablos con su astucia y la muerte con todo su poder." De manera que no se puede echar simplemente un vistazo a la historia, o contarla, porque en eso no hay consuelo. En vez de esto, deben abrirse los ojos del corazón. Entonces uno ve que son mis pecados y mi muerte los que llevaron a Jesús a la tumba, y que cuando se levantó los dejó allí. En la cruz mis pecados aplastan a Cristo, pero tan pronto creyeron haberlo vencido, que "el León se desembaraza del pecado, la muerte, el infierno y las fauces del diablo y los hace hilachas con sus dientes."

Cada vez que en un sermón se dice: "Tú has pecado, por tanto debes hacer esto y lo otro", ése es el sermón del diablo y una mofa de Dios y de la Resurrección. En vez de esto, Lutero aconsejó a su congregación que envíen el diablo a Cristo, sobre quien fueron cargados nuestros pecados, y que fijemos nuestra mirada en el Cristo resucitado, quien los dejó sepultados en la tumba.

El diablo quiere arrancarnos este cuadro del corazón. De manera que cuando el cristiano tiene que hacer frente a alguna adversidad [*Anfechtung*], debe decir: Esto no me concierne porque no tengo pecados; Cristo los tiene todos… Él los cargó sobre sí en la cruz y los sepultó. Pero ahora vive, ha resucitado." E inmediatamente Lutero volvió a un tema previo: "Y sin embargo es cierto: soy pecador y no soy pecador." Si digo que no soy pecador, entonces Cristo no murió por mí. Si soy pecador sólo dentro de mí, entonces estoy perdido.

> Si dentro de mí soy un pecador condenado pero salgo de mi interior y entro en Cristo, entonces no lo soy. Desde su propio punto de vista, los cristianos son un Judas, Caifás, Pilato, y se ven a sí mismos condenados. Pero existe otra persona que tomó sobre sí mis pecados. El Viernes Santo todos esos pecados son cargados sobre su cerviz.

> Pero el Domingo de Pascua lo miro a él y no tiene ninguno... [Porque] donde no hay pecado allí hay justicia y vida.

El otro aspecto del punto de vista de Lutero en cuanto a la historia de Pascua, era la debilidad de los testigos humanos: Tanto los apóstoles como las mujeres. Al relatar la historia de la aparición del ángel a las mujeres, Lutero pone énfasis en el poder de los ángeles y su mensaje, y señala que ya desde el comienzo de la Resurrección nada sucede aparte de la Palabra. En contraste con los entusiastas, que buscaban a Cristo en sus propios ejercicios espirituales, era el evangelio proclamado el que hacía de "carro" de Cristo.

Lutero contrastó esta palabra poderosa con la debilidad de las mujeres. Aún así, considerando nuestras sensibilidades peculiares, sería un error atribuirlo de modo alguno a la misoginia. Lutero no veía ningún apoyo en los sabihondos y reyes, es decir, los poderosos que no entienden el evangelio. Los ángeles se aparecieron a los más débiles. El texto le indicó a Lutero el poco juicio que tenían: Comprar especias y dirigirse hacia la tumba sin haber considerado primeramente el problema de la piedra. Su actitud era identificarse con las mujeres, no burlarse de ellas.

Y cuando Cristo le dijo a María Magdalena: "Ve a mis hermanos y diles", a Lutero le faltaron palabras para expresar suficientemente la tremenda promesa que percibía en eso. Animó a sus oyentes a que escribieran estas palabras en letras doradas, en letras mayúsculas: El que no tenía hermanos quiere compartir con nosotros la herencia obtenida del Padre. En el mundo, uno no podría esperar a ver a todos sus hermanos muertos para heredar solo. Pero Cristo desafía al mundo y a nuestra razón, y nos llama hermanos. "Quienquiera que puede creer [que Cristo es su hermano] es cristiano."

¿Cuál fue la característica de los sermones de Lutero en 1529? En primer lugar, lo que era característico de toda la predicación de Lutero, enfocaba el "punto central" del texto con sólo un objetivo en mente: En el caso de la crucifixión, nosotros matamos a Cristo con nuestros pecados; en el caso de la resurrección, Cristo resucitó para mí, de modo que el pecado, la muerte y el diablo están derrotados. Otros temas y métodos, ya fuera la preocupación por la historia o la utilización de alegorías, debían doblegarse, finalmente, ante el punto principal. En segundo lugar, Lutero no trataba el punto principal simplemente como una doctrina que había que aprender o una historia que había que recitar, sino como un acontecimiento que debía probarse prácticamente. Su utilización del estilo [discurso] directo, de paráfrasis y exageración, como también su identificación de los personajes con su propia situación, sirvió para crucificar y revivir a sus oyentes, a fin de que experimentasen los sufrimientos de Cristo, su muerte y resurrección. De manera que términos tales como "ley y evangelio" no deben utilizarse de manera formal para dividir los sermones de Lutero o para describir su metodología. En lugar de esto, uno sólo ve la ley y el evangelio obrando y efectuando tanto la muerte, al confrontar al oyente con su complicidad en la cruz, como la resurrección, al proclamar la poderosa palabra de la resurrección y perdón a los débiles.[27]

Esperamos que esa misma Palabra de vida que influyó sobre los oyentes de Lutero, pueda obrar una vez más, sin trabas, en la iglesia hoy día.

Timothy J. Wengert
Irving L. Sandberg
Miércoles de Cenizas, 1997

Notas

[1]Para más información respecto a Lutero como predicador, ver Fred W. Meuser, Luther the Preacher [Lutero el Predicador] (Minneapolis: Augsburg, 1983).

[2]Al volver, predicó ocho sermones en una semana para explicar la relación entre la fe y la práctica de la iglesia, y para poner coto al desasosiego y a los excesos de los iconoclastas en la ciudad. Ver LW 51:69-100.

[3]Volúmenes 21-24, 30, 51-52.

[4]*The Martin Luther Christmas Book: With Celebrated Woodcuts by His Contemporaries. [El libro de Navidad de Martín Lutero: Con célebres grabados en madera de sus contemporáneos].* Traducido al inglés por Roland H. Bainton (Philadelphia: Fortress, n.d.) y *The Martin Luther Easter Book, [El libro de Pascua de Martín Lutero],* traducido al inglés por Roland H. Bainton (Philadelphia: Fortress, 1983). Además, *Sermons of Martin Luther [Sermones de Martín Lutero]* (Devocionario hogareño), traducido al inglés por Eugene Klug, 3 vol. (Grand Rapids: Baker, 1996).

[5]Buchwald, 1:272-396.

[6]Mülhaupt, 5:75-100, 232-61, 348-85. En algunos casos, también han sido consultadas las notas originales en WA 29:132-381.

[7]Todos están incluidos en la obra de Buchwald, con excepción del sermón para el Martes de Pascua de mañana, para el que se ha utilizado la reconstitución de Mülhaupt.

[8]LC, 372-494.

[9]LBW 134, LuW 123. Ver también LW 53:255-57.

[10]El otro himno de Pascua de Lutero, escrito en 1528 ó 1529, es "Castillo fuerte" (LBW 229; LuW 297).

[11]LW 42:5-14.

[12]LW 42:7.

[13]*On the Jews and Their Lies, [Respecto de los judíos y sus mentiras]* 1543 (LW 47:121-306).

[14]Por llevar a cabo el hecho. LW 42:7s.

[15]LW 42:8s.

[16]LW 42:9. Refirió al sermón de Pentecostés de Pedro en Hechos 2.

[17]LW 42:10.

[18]LBW 123. (Ver Himnario "Culto Cristiano" 64, verso 3. [nota del traductor al español]).

[19]LW 42:11s

[20]LW 42:12.

[21]LW 42:13.

[22]Ibíd.

[23]En particular Juan Cochlaeus, principal consejero teológico del Duque Jorge de Sajonia.

[24]LBW 123, Heermann vivió desde 1585 a 1647.

[25]LBW 117. Gerhardt vivió desde 1607 a 1676. Estos dos himnos marcan una piedad luterana muy diferente y contrastan agudamente, por ejemplo, con el himno contemporáneo del puritano anglicano Samuel Crossman (c. 1624-1683), "My Song is Love Unknown" [Mi canto es amor no conocido] (LBW 94; LuW 91), en que los que perpetraron la muerte de Cristo son otros. ("They" kill "my dear Lord") ["Ellos" matan a "mi amado Señor."].

[26]LBW 136: con palabras diferentes LW 124.

[27]Lutero también pudo interpretar el sufrimiento de Cristo a la luz de nuestra cruz y pruebas. Ver LW 51:195-208 por un sermón de Sábado Santo que predicó en el castillo Coburgo, justo antes de que el Elector Juan y su compañía se encaminasen rumbo a Augsburgo en 1530.

Domingo de Ramos de mañana
21 de marzo de 1529
Mateo 21:1ss y la Confesión

La última vez que oyeron este evangelio fue el primer domingo de Adviento.[1] Por lo tanto, no es necesario predicar extensamente acerca del mismo. Trataremos el texto brevemente: Ustedes han oído que este evangelio describe la entrada de Cristo en Jerusalén y los acontecimientos de ese día. El Señor se encontraba en Betania en el hogar de su amada anfitriona Marta; allí comió, y allí fue que María lo ungió. Al día siguiente temprano en la mañana envió a dos discípulos a buscar un asno, y luego se dirigió a Jerusalén. Pero había una multitud de personas que habían llegado a la fiesta desde todos lados, y todos trataban de verlo a él. Por causa de esto los sacerdotes se enojaron con el Señor.

Sin embargo él se sintió honrado, porque cuando la gente oyó que venía de Betania, todos se apiñaron ansiosamente alrededor de él, como era su costumbre, queriendo verlo. Los discípulos se sintieron motivados a gritar a viva voz, y la gente acompañó con sus vítores en la creencia de que Jesús sería rey. Otros sembraron el camino con ramas, como suele hacerse cuando se aproxima un rey. Y los niños cantaron hosannas en el templo. Pero los sacerdotes estaban enojados y mal dispuestos a tolerarlo. El Señor les respondió: "¿No han leído nunca: 'En los labios de los pequeños y de los niños de pecho has puesto la perfecta alabanza'?" (Mateo 21:16).

Pero esta maravillosa alegría terminó así: Después de haber predicado todo el día, y no habiendo nadie que pudiese brindarle albergue, según se lee en Marcos 11:11, que Jesús, "después de observarlo todo", para ver si había alguien que lo convidara a pernoctar en su casa, "salió para Betania con los doce". Es que los grandes gobernantes estaban enojados. Por lo tanto la gente se olvidó rápidamente de su bienamado rey, cuando vieron que no había montado un espectáculo, y que no había posibilidades de que cambiara el programa. Éstos son los acontecimientos de ese día. El tema principal de este evangelio ustedes ya lo oyeron en Adviento.[2]

La otra parte del evangelio está compuesta del fruto de fe que sigue como consecuencia de este dicho: "Mira, tu rey viene hacia ti" (Mateo 21:5) y se demuestra en las palabras: "¡Hosanna al Hijo de David!" (Mateo 21:9) y, conforme a la descripción de Marcos 11:10, "¡Bendito el que viene en el nombre del Señor! ¡Hosanna en las alturas!" Ésta es la fe que lleva toda clase de frutos, o sea, la clase de fe que trae como resultado este grito de alegría: "¡Hosanna al Hijo de David!" Es un verdadero canto espiritual que nadie, exceptuados los cristianos, canta.

Muchos son los que no entienden el "Hosanna" y lo han utilizado como nombre de mujer. Hosanna no es un nombre de mujer; Susana sí lo es. *Hosia* significa, por favor ayuda, brinda prosperidad, salvación, victoria, para que gobierne el Señor, y triunfe,[3] como vemos en el Salmo Confitemini:[4] "SEÑOR, ¡danos la salvación! SEÑOR, ¡concédenos la victoria! Bendito el que viene en el nombre del SEÑOR." (Salmo 118:25). Hosanna es un canto y una alabanza que se encuentra en todo corazón cristiano. Porque en esto consiste nuestra adoración, en que alabemos las bendiciones que se nos otorgan sin pago alguno.

Pero resulta que son pocos los que pueden cantar el canto que entonaron los niños. Es una palabrita tan sólo, pero cantarla con corazón sincero es todo un arte. Ciertamente los que confían en sus obras no cantan esta canción. No le desean prosperidad y victoria a Cristo, sino más bien a sí mismos. *Hosia* significa lo mismo que '¡Larga vida al rey!', igual que como gritan en Italia: '¡*Vive papa*!' '¡Larga vida al papa!' Pero los que creen que son salvados mediante sus méritos alaban sus propias obras. Y los justos alaban a Cristo y no las obras de ellos. Ciertamente Cristo no necesita ni un sacrificio en un templo ni terneros ni vacas, pero nos da a entender, que en lugar de esto podemos brindarle esa ayuda a los pobres, como dice en Mateo 25:35ss. Le agrada escuchar *Hosia*.

Na, que da a entender un suspiro y anhelo, significa en hebreo "¡Ayuda!",[5] como en los suspiros y anhelos que ansían que todas las doctrinas humanas se derrumbaran en un solo montón y dieran lugar al evangelio, de modo que se lo reconociera. Esas personas cantan hosanna correctamente. Éste es el fruto de la fe y la obra más excelsa que es consecuencia inmediata del reconocimiento del evangelio; vale decir, que el evangelio triunfa.

La Pascua está cercana. Es necesario que ustedes reciban instrucción respecto de la Cena del Señor y después también acerca del sufrimiento y la resurrección del Señor. Por esta razón trataré de las partes necesarias, a fin de que durante tres días pueda predicar acerca del sacramento. Pero ya les he pedido[6] que se separen en grupos, para que los servidores de la iglesia puedan acercarse a todos. Porque ahora hay justo cuatro personas que están aquí para oír confesión.[7] Con anterioridad teníamos dos claustros y los sacerdotes en la rectoría.

Ahora les proponemos predicar acerca de la confesión y del sacramento.[8]

Queridos amigos, ustedes han aprendido que la confesión debe ser voluntaria. Algunos de ustedes han aprendido esta libertad hasta demasiado bien según la naturaleza pecaminosa y, como resultado, le dan toda la libertad a esa naturaleza y no buscan otra cosa en el evangelio sino una certeza carnal. Con suma facilidad aprendemos en qué nos beneficia el evangelio. No tengo deseos de predicarles a los cerdos, pero les digo a quienes equivocadamente toman el evangelio por libertad de la naturaleza pecaminosa, que debieran sentirse obligados a hacer nuevamente todo lo que el papa les había impuesto. Porque quienquiera que no esté dispuesto a escuchar el evangelio no merece tenerlo. Yo no predico para esas personas que quieren disfrutar de una libertad acorde con la naturaleza pecaminosa.

Ellos han oído que el evangelio nos ha librado de la confesión que el papa nos había impuesto. No existía carga más pesada entre la cristiandad, porque se nos obligaba a una confesión que no practicábamos con agrado. Así se nos oprimía con el recuento de toda clase de pecados, de manera que nadie era capaz de confesar con suficiente honestidad. No se nos había enseñado tampoco qué es la confesión –que debemos sentirla como algo agradable, ni se nos dijo en qué consistía realmente–, sino que fuimos obligados a ir como cerdos. Pero ahora ya no están obligados a ir a la confesión de la manera en que el papa nos obligaba, con amenazas de condenación. Para esa gente el papa sigue siendo merecidamente el aprendiz del Señor Dios. Fue él quien nos endosó el peso de la maldición de Dios. Pero ahora ya no están obligados a esto con la amenaza de malograr su salvación.[9] En segundo lugar, ya no están obligados a enumerar todos los pecados cometidos durante el año.[10] En tercer lugar, en la confesión reciben consuelo y saben de qué se trata, es decir, que no es algo problemático y amargo sino más bien azúcar, miel y consuelo.

La confesión se compone de estas dos partes: La primera, que yo sienta pesar por haber pecado y desee que mi espíritu sea reconfortado, eso es obra mía. Pero la segunda parte, en la que el sacerdote sencillamente pronuncia una absolución, es la obra de Dios. Esto hace que la confesión sea reconfortante. Anteriormente se instruía al pueblo a que enumerara todos sus pecados, o sea, que concentraran la atención en todas sus obras. Para el justo, el conocimiento es cosa fácil, según el dicho de Salomón (Proverbios 14:6), pero para los necios es tormento, les resulta trabajoso y amargo. Así era con la confesión, pero nunca se dijo nada de la mejor parte, la absolución. Mi obra –la parte menos importante, que procede de nosotros– era encomiada; nada se decía de la otra –la parte más importante– que es la de Dios. Pero no creas que mediante esta obra de hacer confesión seré justificado; al contrario, la mejor parte queda en la boca del sacerdote. Por causa de esto es importante que vengas procurando la palabra consoladora confiada al sacerdote.

Así pues, no se te puede imponer la cristiandad con preceptos, pero si quieres ser cristiano o ya lo eres, ¡entonces acércate y procura el consuelo! Al decir que la Palabra y la absolución son el tesoro más grande puesto en boca del sacerdote, hemos dejado de lado completamente la ley y tiranía del papa. Porque decimos: ¡Todos los que pretender purificarse con sus obras y confesión, que no se acerquen! Pero yo, por el contrario, les aconsejo que confiesen sus pecados y declaren que se encuentran en la condición de necesitados, no para contarlo como obra, sino para poder escuchar lo que el sacerdote tiene que decirles. Deben venir por la Palabra. Porque para eso está el sacerdote, para anunciarles la Palabra y volver a incorporarlos.

Esto es lo que deben considerar, lo que debe animarlos a que procedan como un pobre mendigo que sabe que en algún lugar se truecan harapos por chaquetas. No es necesario obligarlo, sino que viene por propia voluntad. Ahora bien, si ustedes dijeran: "Todos los mendigos deben ir allí, allí y a ningún otro lugar", y dejasen de mencionar la bendición, éstos se enojarían tanto por ser obligados, que no quisieran ir allí de ningún modo. Esto es lo que hizo el papa; no nos mostró el tesoro. Por este motivo nadie jamás fue con alegría a la confesión. Ahora cometemos el error de no ver cuán pobres y desgraciados somos. ¡Pero si estás empantanado en tus pecados, entonces anda y consíguete abundantes limosnas! Pero quienes no vienen y se confiesan, no son cristianos. Por eso, no desprecien la confesión, aunque no obligamos a nadie a venir. Pero si son cristianos, no hay necesidad alguna de apremio. Ustedes vendrán voluntariamente a que yo oiga su confesión.

No obstante, si hay quienes son tan orgullosos que quieran ir al sacramento sin confesión, a éstos no se les debe dar, porque desprecian lo que ningún cristiano desprecia.[11] Pero si reconocen su pecado y desean el sacramento rehusándose a ir a la confesión, sería lo mismo que si uno quisiera disfrutar del sacramento pero se negase a escuchar el evangelio. No debemos arriesgarnos a darles el sacramento a los cerdos, sino sólo a los cristianos. Y, si son cristianos, no necesito obligarlos a escuchar el sermón, sino que el corazón de ustedes hará que me obliguen a predicar. Anteriormente, el papa los obligaba a escuchar el sermón. Y era lo mismo con la confesión. Anteriormente, el papa los obligaba a la confesión; pero ahora ustedes deben obligarme a mí a oír su confesión. De ahí que cada vez que los exhortamos a ir a la confesión, los exhortamos a que sean cristianos. Si es éste el caso, entonces vendrán del modo correcto.

Hay quienes son tan ordinarios que no reconocen ningún pecado en absoluto y le dicen al diácono: "Dame la absolución." Por cierto, yo he dicho que es imposible enumerar todos los pecados. Pero aún así debes decir: "He pecado de muchas maneras; he maldecido, etc."[12] Lo que tu conciencia particularmente te apremia a confesar, esto debes declarar. Si el sacerdote te ha de absolver de pecados, pues, pecados debe haber. Si eres cristiano, tu corazón te enseñará a confesar. Porque si tengo algo que me pesa en la conciencia, entonces no tengo consuelo hasta tanto no escuche a alguien decir: "Está perdonado." Los cristianos proceden así. Pero quienquiera que no quiera hacerlo tiene su lugar en el dominio del papado. Si lo único que quieres lograr es que te vea el sacerdote, mejor quédate en casa.

Ciertamente he dicho que la gente debe venir a la confesión por propia voluntad y prestar atención al consuelo y tesoro y a la palabra de Dios que oyen en la confesión. ¡Si no quieren eso, que se queden en casa! Sin embargo, muchos de entre ustedes aprovechan esa oportunidad de consuelo para escuchar la palabra de Dios, según está escrito en el Salmo 42:1: "Cual siervo jadeante en busca del agua, así te busca, oh Dios, todo mi ser." Éstos no necesitan ser obligados, sino que vienen y nos obligan a nosotros a oír su confesión. Quienesquiera que no pertenezcan a esta clase, quienesquiera que no necesitan la confesión y se mantienen alejados de la misma, a ésos no los obligamos a venir a la confesión. Es lo mismo que si alguien me obligara a explicar el salterio. De modo que las leyes y la compulsión no se encuentran de nuestro lado, sino del lado de ellos.[13]

Pero, ¿acaso la absolución debe depender de mi santidad? No, en vez de esto, di: Confieso lo que en este momento me oprime; lo que no tengo, no cambia la cosa. La absolución, que dice: "Te anuncio la paz", no me defrauda.[14]. Porque en ese momento el penitente debe olvidar lo que ha hecho y sentirse sumamente emocionado con esta absolución y decir: Sea lo que fuere que me falta aquí o allá, la declaración que el sacerdote ha pronunciado sobre mí es palabra de Dios. Esto es tan claro y evidente como si Cristo mismo lo hubiese dicho, como en Juan 8:11: "Ahora vete, y no vuelvas a pecar." Así como esta absolución consoló a la mujer, del mismo modo tú debes fundar tu consuelo en la palabra que el sacerdote te declara. No es otra sino la palabra de Dios. Cristo nos ha mandado decirla.

La confesión contiene algo de gran excelencia. Yo no renunciaría la confesión ni por todas las riquezas del mundo, aunque todas las hojas de los árboles y todos los granos de arena fuesen oro. Y, aparte del sacramento, no conozco tesoro y consuelo más grande que la confesión. Quienquiera que no conozca este consuelo no es digno de confesarse; que ésos vayan más bien al juez que responde al obispo[15] y se confiesen sin absolución. No debemos prestar atención a nuestra obra sino al tesoro, el cual percibimos de boca del sacerdote, el tesoro que hace que vayamos gozosamente y que seamos nosotros quienes obliguemos a los sacerdotes y no viceversa. Si quiero escucharlo gozosamente, debo convertirme en mendigo, para que puedan darme ropa. Pero, debido a que no queremos confesarnos, los pastores nos obligan a hacerlo. Y resulta que a los pastores nos gustaría que fuéremos obligados por los que vienen a la confesión, como está escrito en Mateo 11:12: "El reino de los cielos sufre violencia, y los violentos lo arrebatan" (RV). Los que aún no sienten esto, pídanle a Dios que les infunda el deseo de saciarse en el fresco manantial del consuelo divino.

Esto queda dicho brevemente en cuanto a la confesión voluntaria de los cristianos, acerca de la cual predicamos. La confesión que el papa nos ha impuesto es algo forzado y por eso mismo le quita brillo a la parte principal, que es la absolución. Por otro lado, nuestra confesión no está restringida.

Aparte de la confesión auricular, hay otras dos confesiones.[16] La primera se da en el Padrenuestro y es una confesión ante Dios: "Perdónanos nuestras deudas, como también nosotros hemos perdonado a nuestros deudores" (Mateo 6:12). Por cierto que todo el Padrenuestro es una confesión. Porque allí te confiesas en primer lugar culpable y pecador e imploras la gracia y compasión de Dios. ¡Fíjense en las peticiones individuales! En el Padrenuestro disponen de una confesión que debiera ocurrir diariamente sin interrupción. La segunda es la confesión de la iglesia. Debe servir para el propósito siguiente: Cuando una persona sufre de una conciencia atormentada y de pesadumbre, que busque consuelo por medio de la palabra de Dios.

La tercera es la confesión que cada persona hace a quien está a su lado, su prójimo. Todos somos igualmente pecadores. Yo oro el "Padre nuestro", y tú también lo haces, del mismo modo. La tercera confesión es necesaria si confiesas tu pecado a tu prójimo y le pides que te perdone así como dice el Señor en Mateo 5:24: "Ve primero y reconcíliate con tu hermano." Es nuestra obligación hacerlo, y también está en el Padrenuestro, por lo cual no debieras quejarte diciendo que la confesión es algo pesado. En el Padrenuestro tienes la siguiente absolución: Si perdonas a tu prójimo, Dios también te perdona a ti, y tú confiesas aquí que perdonas a tu prójimo.

Es por esto que debes decir: "Querido amigo, yo te he ofendido, no debiera haberlo hecho." Ésta es una verdadera confesión cristiana que adeudo si he ofendido a algún hermano o hermana. Entonces aquél o aquélla tiene el deber de perdonarte a ti. Si no lo hace, entonces quedas absuelto y tienes estas dos absoluciones en el Padrenuestro, o sea, ante Dios y ante el prójimo. La tercera procede de la palabra de Dios, la que te prepara para confesar gozosamente. Yo la conozco por experiencia propia. Pero por esto deja que se confiesen sólo quienes con alegría desean ser librados de sus pecados. A los otros se los entregamos al papa y sus provisores,[17] de modo que la absolución y la confesión quedan para los cristianos solos.

Notas

[1]Una larga exposición del texto, publicada primeramente en el Devocionario de Adviento de 1521 de Lutero, puede encontrarse en Lenker 1:17-58.

[2]Este sermón, predicado el 29 de noviembre de 1528, también se encuentra en Buchwald, 1:65-71. Lutero contrasta allí la realeza de Jesús con los tiranos de la ley, el pecado y la muerte. Así como sólo los débiles aceptaron a este rey humilde en Jerusalén, así sólo un rebaño muy pequeño aceptó, en tiempos de Lutero, al mismo rey que viene humildemente, montado en la Palabra. Los que confían en las obras y las predican se enojan por la enseñanza de la gracia sola.

[3]Esta definición se encuentra en toda la tradición exegética medieval, por ejemplo en el comentario de la Biblia de Nicolás de Lyra, y proviene del *Liber de nominibus Hebraicis* de Jerónimo. La erudición moderna define el término de la misma manera. Ver G. Kittel y G. Friedrich, edit., *Theological Dictionary of the New Testament*, [Diccionario teológico del Nuevo Testamento], traducido por G.W. Bromiley, 10 volúmenes (Grand Rapids: Eerdmans, 1964-1976), 9:682-684.

[4]Llamado así del primer verso en latín. Este Salmo era uno de los favoritos de Lutero. Ver su comentario del año 1530 del Salmo 118 en LW 14:41-106, en particular pp. 101s referido al versículo 25.

[5]Lutero depende aquí de los hebraístas del siglo 16. Los diccionarios modernos, tales como *A Hebrew and English Lexicon of the Old Testament*, [Léxico hebreo e inglés del Antiguo Testamento], edit. y traduc. por F. Brown, et al. (Oxford Clarendon Press, 1907), *loc. cit.*, lo traducen, “yo oro” o “ahora” como una oración o deseo expresado.

[6]Al comienzo del sermón predicado el domingo 14 de marzo de 1529. Ver WA 29:100-118.

[7]El pastor (Lutero ahora en su lugar) y tres diáconos.

[8]Lo que sigue compone la base de la sección “Breve exhortación para la confesión” en el Catecismo Mayor. Ver LC, Catecismo Mayor, Confesión, 1-35.

[9]La obligación de todos los cristianos de confesar los pecados y recibir el Sacramento del Altar cada año (por lo general durante el tiempo de Pascua), se impuso por primera vez en el año 1215 por el Cuarto Concilio de Letrán, convocado por el

Papa Inocencio III. Lutero atacó frecuentemente esta práctica, por ejemplo, en su *Defense and Explanation of All the Articles* [Defensa y explicación de todos los artículos] de 1521 (LW 32:61) o, más completamente, en *Whether the Pope Has the Authority to Make Confesión Obligatory* [Si el Papa tiene la autoridad de ordenar que la confesión sea obligatoria] (WA 8:129ss).

[10]La obligación de que uno confiese todos sus pecados también fue atacada por Lutero. Ver, en particular, *Luther's Defense and Explanation of All the Articles* [Defensa de Lutero y explicación de todos los artículos] (LW 32:42-44).

[11]Sin embargo, en su *Discussion on How Confession Should Be Made*, (Discusión respecto de cómo se debe confesar], de 1520 (LW 39:40s), Lutero sugiere que en ciertas circunstancias uno puede recibir la Santa Cena sin haberse confesado previamente.

[12]Lutero se explaya acerca de este punto en una sección agregada al Catecismo Menor en 1531. Ver LC, Catecismo Menor, Santo Bautismo, 24-25.

[13]En 1532 Lutero defendió el uso continuo de la confesión privada en una carta abierta al Concejo de la ciudad y la congregación de Francfort del Meno (WA 303:565-71). Una traducción de esta carta al idioma inglés por Jon D. Vieker, apareció en el *Concordia Journal* [Periódico Concordia] 16 (1990):333-351.

[14]Por la fórmula de confesión posiblemente utilizada en Wittenberg en ese tiempo, ver LC, Catecismo Menor, Bautismo 21-28, particularmente 28.

[15]Alemán: *Bischöflicher Gerichtsbeamter.* [oficial de justicia del obispo]. Lutero se refiere aquí a los jueces diocesanos de la segunda mitad de la Edad Media, los que daban audiencia a todo tipo de casos legales y disciplinarios, particularmente referidos a matrimonios. Ver LC, Catecismo Menor, Prefacio, 11.

[16]Estas tres clases de confesión se encuentran bosquejadas por Lutero en un sermón publicado en 1524 (WA 15:481-505) e incluidas en la edición de Wittenberg de 1525 de su "Libro de oraciones."

[17]Ver arriba, nota 15.

Domingo de Ramos de tarde 21 de marzo de 1529 La Cena del Señor: Acerca de la recepción de ambas especies

Esta mañana comenzamos hablando de la confesión, de cómo debe observarse y cómo aplicarla correctamente de acuerdo con la palabra de Dios. Ahora hablaremos acerca del Sacramento del Cuerpo de Cristo o Sacramento del Altar. Aunque ustedes oyen acerca de este sacramento cuatro veces al año,[1] aún así cabe predicar sobre el mismo en particular, si disponemos de tiempo y oportunidad. Porque la palabra y obra de Dios en el mundo se reciben de una manera tal que Satanás no permite sin más ni más que prevalezcan en su verdadero uso y esencia. Por lo tanto es necesario animar mediante enseñanza y exhortación a que lo disfrutemos correctamente. Debido a esto es que he decidido hablar ahora del Sacramento, y describir en primer lugar en qué consiste y después hacer ver que todos necesitamos este tesoro, y que lo disfrutemos correctamente mientras lo tengamos.

En primer lugar, expondremos en qué consiste el Sacramento, y después, qué nos impulsa al Sacramento. La definición del mismo queda clara de las palabras del Señor que han oído con frecuencia. El texto que se encuentra en los evangelios y en San Pablo dice lo siguiente: Cuando estuvo sentado a la mesa aquella noche y comió la comida pascual según lo indicaba la ley de Moisés, "Jesús tomó pan y lo bendijo. Luego lo partió y se lo dio a sus discípulos, diciéndoles: 'Tomen y coman; esto es mi cuerpo, entregado por ustedes; hagan esto en memoria de mí.' De la misma manera tomó la copa después de la cena, dio gracias y se la dio a ellos y dijo: 'Beban de ella todos ustedes. Esta copa es el nuevo pacto en mi sangre que es derramada por ustedes para el perdón de pecados. Hagan esto, cada vez que beban de ella, en memoria de mí.'"

Éstas son las palabras que todos deben conocer. En ellas se nos instruye qué debemos observar y cómo hemos de recibir el sacramento. Porque Satanás se opone a este sacramento tanto como al evangelio, la Palabra, la confesión y todas las demás obras santas. Pero ha desplegado una maldad particular contra este sacramento (si bien también contra el Bautismo y la Confesión) y lo ha convertido en un tormento del infierno. En este texto ven ustedes que Cristo instituyó el sacramento con sus propias palabras y lo llama su cuerpo y sangre. Cuando esto se cumplió y estas palabras se conocieron entre los pueblos de la tierra, el diablo tuvo la osadía de cambiar ya sea la esencia o el uso, y por tanto ha dividido la cristiandad y desatado una ruina indescriptible.

El diablo es un imitador de Dios y falsificador de todas las obras de Dios. Más que nada se ha opuesto al sacramento. Ha intentado principalmente quitar la esencia del sacramento o de impedir su correcta aplicación. Esto es lo que yo llamo esencia: El oro es oro, el agua es agua. Si alguien quisiera convencerme de que puede fabricar plomo del oro, me quitaría la esencia y me daría algo que me hiciera creer que fuese plomo y no oro. O me quitaría la utilidad y diría que en realidad es plata u oro y me engañaría al punto de que yo arrojaría el oro a la pila de estiércol y tomaría basura por oro pensando que fuese oro, o tomaría un florín de oro por un penique. De modo que donde el diablo no pudo quitar el uso, quiso quitar la sustancia. Favoreció la aparición en escena de muchos fanáticos, que enseñan que el sacramento no es el cuerpo y la sangre de Cristo sino sólo pan y vino. Esto es quitar completamente la naturaleza del sacramento, destruir el núcleo y quedarse con la cáscara sola.

Cuando esto se discutió en el mundo, y hubo gente que mantuvo que verdaderamente es el cuerpo y la sangre de Cristo (de modo que el diablo tuvo que dejar que la naturaleza y la esencia del sacramento permanezcan), inventó un abuso del sacramento, de manera que se convirtió en una fiesta de glotonería, como cuando los corintios lo recibieron con total indignidad, como si se tratase de cualquier comida ordinaria. Después los papistas lo convirtieron en una obra pura y simple, y los que lo recibían realizaban una buena obra y eran obedientes a la iglesia cristiana. Luego quitaron una especie y dijeron que era suficiente con la otra.[2] Justamente cuando habíamos recuperado el uso debido y llegado al punto en que se lo tomaba por fe en la palabra de Dios y con las dos especies, vino de nuevo el diablo y por medio de los entusiastas[3] arremetió contra la naturaleza de la misma manera como por medio de los papistas había atacado el uso debido. De este modo ataca el sacramento desde ambos lados.

Deben aprender de nosotros para que puedan juzgar a todos estos fanáticos y fortalecer su conciencia. Deben conocer el sacramento y saber cómo disfrutar de él. Dejen que el texto con su claridad sea su fundamento y armadura para enfrentar no sólo a los fanáticos de 'una sola especie', sino también al diablo. Aférrense con firmeza a las palabras claves. Con ellas los derrotaremos a todos. Y si diariamente llovieran 900.000 diablos aún nos bastaría con las palabras.[4] Ahí están escritas: "Jesús tomó pan y lo bendijo. Luego lo partió y se lo dio a sus discípulos, diciéndoles: 'Esto es mi cuerpo.' De la misma manera tomó la copa..." Las palabras lo harán. Los entusiastas se han pronunciado contra estas palabras, pero no obtienen nada.

Examinemos a estos entusiastas ordenadamente.[5] ¡No necesitas ninguna otra arma sino estas palabras! En primer lugar, están los fanáticos desgraciados que insisten con tanta excelencia con un elemento, exigiendo que se le debe dar a los legos solamente una especie, y que quienquiera que tome ambas es del diablo y está condenado.[6] Dicen: "En esto me juego alma y cuerpo." Si es que tienen muchas almas para ofrecer en garantía, hay uno que sin duda las aceptará. Pero tú puedes responder: Sobre tu alma y palabra arrojo inmundicia y amontono porquería. Si quieres irte al diablo, ¡adelante, pues! Pero yo apuesto todo a esto, que Cristo ofrece e instituye ambas especies en la Santa Cena y al pan y vino añade las palabras: "Hagan esto en memoria de mí." Yo me quedo con el pan y la copa. ¡Tú apuesta tu barriga y tu alma a lo que quieras! Cristo murió por mí. Pero ni el papa ni tú han empeñado su alma por mí. Cristo dice: "Cree en mí. Yo daré mi alma en prenda por ti." ¡Créele a él! Él es más grande que tú y ha instituido ambas especies y ha dicho: "Hagan esto en memoria de mí."

Pero si ellos dicen: La iglesia cristiana tiene autoridad para cambiar el mandato de Dios, responde: ¡Agradezcan, queridos señores, que confiesan que Dios lo ha ordenado y que Cristo ha instituido de tal manera este sacramento! Pero, ellos replican diciendo que la iglesia cristiana tiene el mandato de cambiar la ordenanza de Dios. Aceptamos la segunda cláusula, en la que confiesan que es la ordenanza de Dios. Pero que la iglesia tenga la autoridad de cambiar tales ordenanzas en cualquier tiempo que le plazca, esto no lo aceptamos, sino que decimos: No es la iglesia cristiana la que cambia la ordenanza de Dios, más bien es el diablo. Porque Dios no ha dispuesto sus asuntos de tal modo que manda a los humanos cambiarlos. Si la iglesia tuviera esta autoridad, ¿dónde estaríamos? Si concedo que la iglesia tiene autoridad de cambiar una parte, le abro puertas y ventanas al diablo para que cambie todo lo que Dios ha ordenado. Entonces la iglesia también podría ordenar que no es necesario creer en Cristo y podría abolir los Diez Mandamientos.

Es que, por eso le ha sido confiado a la iglesia en las Escrituras, como está escrito en Efesios 5:23, que está subordinada a Cristo como la esposa a su esposo. Ahora bien, un hombre recto ciertamente permite y tolera que la mujer ejerza autoridad sobre el servicio doméstico y los hijos. Pero si el esposo ha dado una orden en el hogar, y ella quiere ignorarla, eso no lo tolerará. Del mismo modo la iglesia cristiana está subordinada a Cristo y lo que él ha ordenado; a esto se atiene y le hace caso. Ellos mismos incluso lo admiten, pero dicen y hacen lo contrario. Así pues, mienten como bribones. Eso de que confiesan que es la ordenanza de Dios es cierto, pero lo otro es falso.

No hay duda que han aducido muchos ejemplos, pero son risibles y no prueban nada, por ejemplo, cuando Dios dice a Jeremías: "Mira, hoy te doy autoridad sobre naciones y reinos, 'para arrancar y derribar, para destruir y demoler, para construir y plantar'" (Jeremías 1:10). El borrico de Cochlaeus alimentó su vanidad con este texto.[7] Por tanto concluyen: Si el santo profeta tuvo la autoridad de demoler y construir, ¿no habría de tener la iglesia la autoridad de demoler y construir? El texto dice que Jeremías obtiene autoridad sobre naciones y reinos, que con la palabra de Dios habrá de castigar y anunciar la destrucción de reinos. Pero el texto no dice: Yo te he puesto sobre Dios y su palabra y obra, para que las destruyas. A estos asnos habría que coronarlos con ventosidades de borrico.[8] ¿Quién ha oído jamás semejante interpretación? ¿"Naciones" y "reinos" significan la palabra de Dios? Eso sería como ordenarle a mi sirviente o criada que se revistan de la autoridad de ordeñar las vacas cuantas veces quisiesen. ¡Entonces un hijo también tendría autoridad sobre su padre! Digo esto para que ustedes vean cuán necios son los que hoy día luchan contra el evangelio. Yo estoy en el lugar del profeta Jeremías; yo estoy con ustedes aquí en Wittenberg para plantar y para construir. Por tanto sacaré esta conclusión: Tengo autoridad sobre Dios y su Palabra.

Ellos objetan además: La iglesia ha aceptado los cuatro evangelios, otros no ha aceptado. De manera que la iglesia señorea sobre éstos. Si no, ¿quién sabría qué evangelio es genuino,[9] quizá el evangelio de Bartolomé[10] u otro? Esto suena como que hubiésemos recibido los evangelios de la iglesia y no de Dios. La cristiandad ha aceptado el libro, dicen, por tanto la cristiandad tiene autoridad sobre el libro. Yo acepto la enseñanza de San Pablo, por lo tanto tengo autoridad sobre su enseñanza. ¡Vaya, hubiesen hecho ellos la distinción entre confesar y tener autoridad! La iglesia cristiana confiesa que la enseñanza, el evangelio, el libro son genuinos. Pero no quiere decir que la iglesia está revestida de autoridad sobre éstos. Porque entonces yo podría decir también: Acepto a Cristo, consecuentemente tengo autoridad sobre Cristo. O podría decir con referencia al príncipe del país: El duque Juan de Sajonia es mi príncipe, no así el duque Jorge y el margrave.[11] Acepto al primero, no a los otros; por tanto, porque es mi príncipe, tengo autoridad sobre él. ¿Acaso él lo permitiría? ¿Permitiría que se hiciese ese cambio a su mando? ¿Es plausible?

De modo similar, un abogado podría decir: Esta orden la ha determinado el emperador, aquella otra la ha determinado un maestro falso. Consecuentemente, este letrado tiene autoridad sobre el emperador porque puede distinguir entre lo que el emperador ha determinado y lo que otro determina. ¡Debes estar burlándote de ti mismo! De este modo concluyen neciamente: La iglesia cristiana confiesa que este libro y sus enseñanzas son verdaderas, por lo tanto tiene autoridad sobre los mismos. Éstos son petardos sin pólvora. Cristo ha dado a la iglesia esta autoridad, la de hacer distinción entre la verdad y la falsedad, como dice en Mateo 7:15: "¡Cuídense de los falsos profetas!" Cuando, partiendo de los apóstoles, la enseñanza evangélica se diseminó por el mundo, hubo maestros rectos que la vieron y recibieron; pero otros libros que no estaban en correspondencia con esto, los descartaron. Lo mismo hacemos nosotros. Pero no puedo sacar esta consecuencia: Siendo que acepto el evangelio de Juan, tengo autoridad sobre el mismo. Por causa de esto, di: No es cierto; la iglesia cristiana no tiene la autoridad de cambiar una sola letra. Porque está escrito en Mateo 5:19: "Todo el que infrinja uno solo de estos mandamientos, por pequeño que sea, y enseña a otros a hacer lo mismo, será considerado el más pequeño en el reino de los cielos." No añadas nada ni quites nada. Debe quedar así como Cristo lo ha ordenado.

Pero aquí la ordenanza de Dios concierne a las dos especies del sacramento, pan y vino, cuerpo y sangre. Quienquiera que cambie esto no pertenece a la iglesia cristiana, sino a la sinagoga del diablo. La iglesia cristiana no tiene autoridad de cambiar nada sino solamente de juzgar, de modo que no aceptemos enseñanzas falsas como verdaderas. El evangelio no se escribió primero, sino que primero los apóstoles tuvieron que predicarlo oralmente. Por tanto no se puede decir que la iglesia tiene autoridad sobre el evangelio. En el marco de la autoridad de la iglesia cristina se encuentran solamente la confesión, el juicio y el reconocimiento de lo que es falso y verdadero. Por lo tanto yo ciertamente puedo tener conocimiento de la rectitud de tu mujer, pero aún no tengo autoridad sobre ella. Por esto mismo son burdos bufones los que concluyen: Yo puedo reconocer esto y juzgarlo; por tanto tengo autoridad sobre ello. Pero el deseo de ellos de tener el poder de realizar cambios no tiene ningún valor. La iglesia cristiana ha aceptado solamente el evangelio, y el evangelio ha estado con la iglesia. Sea que el evangelio de San Bartolomé fuere verdadero o no, la iglesia ha aceptado el evangelio verdadero. La iglesia ha tenido el evangelio genuino desde el principio y a partir de ahí ha juzgado lo que es inicuo y falso.

El comportamiento de ellos corresponde al dicho: "Una mentira está ceñida de harapos. Si se quiere embellecer una mentira, deben unirse con costura siete mentiras remendadas." Quiere decir que si uno intenta justificar una mentira, debe contar con otras siete; pero cuando consigue reunir estas siete, debe tener nuevamente siete veces esa cantidad. Por lo tanto, todo lo de ellos es una mentira. Ahora bien, sea lo que fuere lo que ellos quieran decir, tú responde: ¡*Verbum Dei manet in aeternum*! "¡La palabra de Dios permanece para siempre!"[12] De manera que confiesas que es la palabra de Dios, ¡muy bien! Pero en respuesta al argumento de que la iglesia tiene el poder de cambiarla, decimos: ¡No! Pero siendo que tenemos el entendimiento correcto, disfrutamos el sacramento con las dos especies. Éstos son los mayores argumentos de los papistas. Pero primero y principalmente el texto dice: "Jesús tomó pan y lo bendijo. Luego lo partió y se lo dio a ellos. Después tomó una copa, etc." Ésa es la palabra de Cristo y su mandamiento. Por esta razón las dos especies pertenecen a toda la cristiandad. Todos los que se ponen en acción para cambiar esto, aunque apuesten a ello alma cuerpo y, actúan como villanos.

Pero más aún, llegan a la palabra "discípulos" y dicen que el Señor le ha dado el Sacramento sólo a sus discípulos. Jamás había oído algo así. ¡Lean los Hechos de los Apóstoles! Verán allí que discípulos no son solamente los apóstoles, sino todos los que creen en Cristo. Por lo tanto está escrito: "Había en Joppe una discípula llamada Tabita" (Hechos 9:36). En la palabra "discípulo" estamos todos incluidos. Estos cabezas huecas deben abochornarse, viendo que incluso una mujer es llamada, expresamente, una discípula. Y sin duda alguna que en la Última Cena hubo también mujeres, como María Magdalena, Marta y Juana, y sin prejuicios comieron con él, después de haber cocinado la comida de Pascua y el cordero pascual. No dice ahí que se lo dio a los apóstoles o a los sacerdotes, sino a sus discípulos. ¡Manténganse firmes en esto! Los evangelistas hablan de modo muy diferente de los discípulos y los apóstoles. Discípulos son también los que se aferran a Cristo, no solamente los apóstoles. En Antioquía a los discípulos comenzaron a llamarlos *cristianos* (Hechos 11:26), pero no en Jerusalén. Allí se los llama alumnos *discípulos de Jesucristo*, y así es hasta el día de hoy. Pero así como el nombre de cristiano y discípulo se aplica a todas las personas, hombres y mujeres, del mismo modo el texto se aplica a todos nosotros.

Debido a que el argumento de ellos hace agua, hacen caso omiso incluso del texto y dicen: "Aquí Cristo ha aprestado sacerdotes." Pero si esto es así, entonces los legos no tienen ninguna especie, porque Cristo se dirige a sus discípulos con ambos términos: ¡Coman y beban! Por lo tanto se deshonran a sí mismos en su sabiduría. Sí, esto es verdad, dicen, ambas especies se dan a los sacerdotes. Pero la iglesia ha ordenado esto, y no es ordenanza de Dios. ¡Que los consuma la plaga![13] Dios me perdone, porque ellos dicen: De acuerdo con el evangelio ni una especie ni ambas pertenecen a los legos. ¡Incluso que tengan una se debe a la concesión de la iglesia! Pero por más de mil años la iglesia brindó ambas especies a los legos. Ahora bien, si la iglesia cristiana lo entendió así y no de otra manera durante tanto tiempo, estamos cometiendo una injusticia con la cristiandad al ofrecerle sólo una especie a los legos.

Por tanto, de las palabras del texto deben sacar esta conclusión: Cristo les dio a sus discípulos pan y vino. Pregúntense ahora: ¿Qué es un *discípulo*? Si ellos dicen que es un apóstol o sacerdote, pues que lo prueben. Es que no es así, sino quienquiera, –hombre o mujer– que haya aceptado la enseñanza de Cristo es discípulo de Cristo. Porque la palabra griega *discípulo* significa *alumno*; discípulos son quienes reciben preparación, enseñanza, y que permiten que se les enseñe.

En conclusión: El Sacramento es pan y vino, esto es, cuerpo y sangre de Cristo; ambos deben ofrecerse a cada cristiano. Pero Satanás no lo tolera, y debido a esto lo profana. Tocante a los demás abusos hablaremos mañana.

Notas

[1]Los predicadores de Wittenberg predicaban, durante la semana, sermones acerca del catecismo cuatro veces al año, en marzo, mayo, septiembre y diciembre. Durante la ausencia de Johannes Bugenhagen (1485-1558) en 1528, Lutero predicó tres veces sobre el catecismo. Estos sermones llegaron a ser la base de ambos catecismos, el Mayor y el Menor, los que Lutero comenzó a escribir en diciembre de 1528. Por la tercera serie de sermones catequísticos, ver LW 51:133-93.

[2]De acuerdo con los teólogos escolásticos, como Tomás de Aquino (1225/6-1274) y Guillermo de Occam (c. 1285-1349), la misa era efectiva *ex opere operato*, es decir, en base a la realización del rito. La realización de este rito o el pago por su realización era una buena obra. En el IV Concilio de Letrán, de 1215, se aprobó la práctica de no darle la copa a los legos. Lutero atacó ambas nociones en muchas ocasiones, siendo admirable lo de *The Babylonian Captivity of the Church* (LW 36:19-57). [La cautividad babilónica de la iglesia].

[3]En alemán: *Schwärmer*. Lutero utiliza también la palabra "fanáticos" o "sacramentarios" para describir a quienes rechazan la presencia real de Cristo en la Santa Cena. [Nota del traductor al español: El diccionario "Pequeño Larousse ilustrado" aplica el término *sacramentario* a los luteranos]. Lutero utilizó este término burlón (*Schwärmer)*, –que designaba a aquellos alrededor de cuyas cabezas zumbaban,

como abejas o moscas, locos desvaríos o sueños–, primero para referirse a Andrés Karlstadt (c. 1480-1541), que había sido maestro en Wittenberg, y después a Ulrico Zuinglio (1484-1531), principal predicador de Zurich, y para sus seguidores. Ver, por ejemplo, *The Sacrament of the Body and Blood of Christ – Against the Fanatics* (LW 36:327.61). [El sacramento del cuerpo y la sangre de Cristo – contra los fanáticos]. Éstos rechazaron el testimonio claro de la Escritura, favoreciendo sus propios sueños y razonamientos.

[4]Ver a Lutero en su carta del 5 de marzo de 1522 al Elector Federico (LW 48:391): "Y si no lloviera otra cosa que duques Jorge durante nueve días." El tercer verso de "A Mighty Fortress" (LW 53:285) [Castillo fuerte] muestra el mismo tipo de desafío.

[5]Aquí y en otras partes Lutero iguala sus opositores romanos y suizos, llamándolos a todos *Schwärmer*; porque, según él lo veía, todos ellos se oponían a la clara palabra de la Escritura con su propio razonamiento y autoridad.

[6]Las dos especies fueron dadas por primera vez al pueblo durante la ausencia de Lutero en el Wartburgo en 1521. A su regreso objetó el modo en que se hizo el cambio (LW 51:90s), y en las *Instructions for the Visitors of Parish Pastors in Electoral Saxony* [Instrucciones para los inspectores de pastores de parroquia en la Sajonia del Elector] de 1528, aunque insistía en que se predicara la comunión con sólo las dos especies, sin embargo permitía que los débiles comulgaran con una sola (LW 40:289-92).

[7]Juan Cochlaeus (1479-1552) fue uno de los opositores más formidables de Lutero. Era consejero del duque Jorge de Sajonia y atacó a Lutero durante toda su carrera, comenzando ya en ocasión de la Dieta de Worms en 1521. En 1529 se burló de Lutero y de la inspección sajona en un escrito breve titulado *Martinus Lutherus Septiceps* (El Martín Lutero de siete cabezas) con una caricatura de Lutero con siete cabezas en primera página. Ver Heiko Oberman, *Luther: Man between God and the Devil*, [Lutero: Un hombre entre Dios y el Diablo], traducido al inglés por E. Walliser-Schwarzbart (New Haven: Yale University Press, 1989), 4.

[8]Una clase de cardo muy buscado por los burros.

[9]Casi todos los reformadores, incluyendo a Lutero, tuvieron que explicar el famoso dicho de Agustín (354-430), obispo de Hipona: "Pero yo no habría creído el evangelio, si no fuese que la autoridad de la iglesia católica me incitó." (en *Against the Epistle of Manichaeus*, vi) [en Contra la epístola de Maniqueo, vi]. Lutero refiere este texto en *A Reply to the Texts Cited in Defense of the Doctrines of Men* [Réplica a los textos citados en defensa de las doctrinas de hombres] de 1522 (LW 35:150-53). Una traducción al inglés de la obra de Agustín se encuentra en NPNF, serie 1, 4:131.

[10]Un evangelio apócrifo al que hacen referencia Jerónimo y Bede. Ver *The Oxford Dictionary of the Christian Church* [Diccionario Oxford de la iglesia cristiana], 2ª edic. F. L. Cross, et al. (Oxford: Oxford University Press, 1964), loc. cit.

[11]Lutero se refiere a Juan [Hans], Elector de Sajonia (1468-1532), Jorge, duque de Sajonia (1471-1539), implacable enemigo de Lutero, y Joaquín I, Margrave y Elector de Brandenburgo (1484-1535).

[12]La abreviatura latina, *VDMA* (comp. Isaías 40:8 y 1 Pedro 1:24-25), se utilizó primeramente como lema del Elector de Sajonia en 1522. Por detalles, ver F. J.

Stopp, "Verbum Domini Manet in Aeternum, the Dissemination of a Reformation Slogan, 1522-1904," [Verbum Domini Manet in Aeternum, la diseminación de un lema de la Reforma], *Lutheran Quarterly*, n.s., 1 (1987):54-71.

[13]Traducción literal: "¡Que tirites de fiebre!"

Lunes de mañana, Semana Santa 22 de marzo de 1529 La Santa Cena: Acerca de la presencia real

Ayer oímos hablar acerca de una parte del Sacramento, a saber, que ustedes sepan en qué consiste, qué uso debe dársele y cómo disfrutarlo. Ahora los invitamos a que lo consideren como algo precioso, querido y valioso.

Siendo que éstos son tiempos de gran peligro y que Satanás es tan imbécil que mete mano a nuestros sacramentos, todos los cristianos deben estudiar hasta que adquieran una certeza tan firme acerca de este asunto, que puedan defenderse cuando aparezcan los fanáticos. Los evangelistas concuerdan unos con otros con precisión. En estas palabras encontramos protección, riqueza y consuelo, no sólo para alimentarnos sino también para defendernos.

En primer lugar, los papistas han quitado la mitad de este Sacramento y quieren persuadirnos con un diluvio de palabras, de que con el pan solo, recibimos tanto como con las dos especies. No les presten atención, porque aquí tenemos las palabras que Cristo mismo ha ordenado. No le permitan ni al diablo ni a ningún ángel que los aparten de ellas. Que parloteen todo el tiempo que quieran. Pero los que luchan en la vanguardia y son evangelistas, deben leer estas palabras más detenidamente. Entonces verán que nuestro razonamiento es de una firmeza absoluta, pero el de los adversarios, en cambio, se desmorona. Nada deben poner por encima de la conciencia y la palabra de Dios.

Pero entonces viene el diablo con unos fanáticos molestos que nos quitan el sacramento en su totalidad, mientras que los papistas sólo se llevaron la mitad. El papa al menos dejó medio Sacramento y lo proclamó como sacramento. Los entusiastas, que ahora andan sembrando confusión en el Sacramento, lo atacan aliados con el diablo y llenan gran parte del mundo con su fanatismo. Los papistas y los escolásticos aún adherían al verdadero cuerpo y sangre de Cristo, pero los fanáticos lo niegan y destruyen todo el Sacramento. Contra esto deben defenderse con las sencillas y claras palabras: "Jesús tomó pan y lo bendijo. Luego lo partió y se lo dio a sus discípulos, diciéndoles: Tomen y coman." Éstas son palabras espontáneas y claras: Jesús tenía el pan en sus manos.[1] Por lo tanto pueden entender de qué está hablando cuando dice: "Tomen y coman." Debe estar hablando del pan, y vuelve a repetirlo, diciendo: "¡Tomen y coman!" Tomar pan en las manos no es un sueño o una ilusión, sino una acción concreta. Y Jesús lo partió, es decir, él mismo se lo dio a ellos y les ordenó: "Coman."

Y al ordenarnos a que comamos y bebamos, dice: "Esto es mi cuerpo", "Esto es mi sangre." Ningún lenguaje de la tierra puede expresar otra cosa sino que este pan es el cuerpo de Cristo. Y a fin de que no haya una excusa para una interpretación errónea, agrega que es el cuerpo que es "entregado por nosotros" y la sangre que es "derramada por ustedes para el perdón de pecados". Por cierto no contamos con otro cuerpo que lleve esto a cabo, que el cuerpo de Cristo. Debido a esto no pueden negar que es el cuerpo de Cristo en la Santa Cena. ¡Insisten en que es lenguaje figurado! Sin embargo, como ya dije, no se deben cambiar las palabras de Dios, ni siquiera una letra. No se tiene conocimiento, en toda la Escritura, que "esto es" deba querer decir "esto significa".[2] Por eso, aférrate a las palabras, y estarás seguro de que Cristo tomó pan, lo partió y lo entregó y en ese momento pronunció las palabras que conocemos. Es su cuerpo. Aférrate a las palabras; él no te defraudará.

Y aquí debemos hacer distinción entre nuestra razón y la palabra de Dios. Debes arrancarte los ojos de la razón y arrojarlos al abismo del infierno. En vez de la razón dejarás que prevalezca como verdad la palabra de Dios y te aferrarás a ella con ojos cerrados y oídos sordos. Éste es el defecto de estos fanáticos en este asunto, que dejan que su razonamiento los aconseje si es posible que el pan y vino puedan ser cuerpo y sangre. La razón no puede entender esto, y luego se adorna con plumas de pavo real y acepta en cambio este artículo,

"Jesús ascendió a los cielos", y dice: Si ascendió, no puede estar en el pan. Porque es antagónico que Jesús esté en los cielos y que lo tenga en sus manos un bribón aquí en la tierra. Con esto, la razón concluye inmediatamente que el pan y el vino no son el cuerpo y la sangre de Cristo, ya que él está en el cielo. Ahí se plantan y lo promueven y trompetean con todos sus fuelles.

Pero tú puedes responder: Yo creo lo mismo que ustedes, que Cristo ascendió a los cielos. Sin embargo, que me digan que por esa causa estas palabras son falsas, eso sí que no lo creo. Este argumento jamás ha sido probado: Cristo ascendió a los cielos y está sentado a la diestra de Dios, por tanto su cuerpo no puede estar en el pan. Porque ciertamente encontramos historias en el Nuevo Testamento que relatan que Cristo, después de haber ascendido a los cielos, aún seguía aquí en la tierra. Se apareció a Pedro y los demás a orillas del Mar de Galilea, a Pablo en el camino a Damasco y en otra ocasión en el templo en Jerusalén.[3] Si esto es verdad, ¿por qué no podría aparecerse también en nuestros lugares? Por lo tanto, habla así: Mi razón es necia y engañosa, pero la palabra de Cristo no engaña. De modo que me atengo a las palabras: ¡Esto es el cuerpo de Cristo! Pero cómo sucede y sea posible, eso no lo sé. ¡No permitas que la ramera[4] razone en este asunto! De otro modo, todo estará perdido.

Por ejemplo, el diablo le hizo una zancadilla a nuestros primeros padres Adán y Eva con la razonable pregunta: ¿Qué motivo tendrá Dios para ordenarles que coman de todos los árboles del jardín excepto éste? Como si el diablo quisiese decir: Dios no es tan necio como para haber prohibido tal cosa. La razón inmediatamente sacó esta consecuencia: ¿Acaso tiene sentido que Dios prohíba un solo árbol y permita acceso a todo un bosque? Y así concluyeron firmemente: Dios no lo ha ordenado.

Lo mismo ocurre aquí: Cristo ascendió a los cielos. Por lo tanto, ¿por qué elaboran ustedes este artículo de fe, de que está en el pan? La razón dice de inmediato: Este argumento es, a todas luces, verdadero; por tanto, no es el cuerpo de Cristo. Pero los cristianos deben mantener la razón bajo cerrojo y llave, o no guardarán lealtad a ningún artículo de fe. Si ustedes evalúan los artículos de fe según la capacidad de la razón, son más ciego aún que Arrio y Cerinto.[5] Porque hay artículos mucho más grandes que éste. Caemos en una trampa como los del arrianismo y los turcos.[6] Ellos pensaron: ¿Cómo es posible que tres personas divinas sean un solo Dios? Pídanle consejo a la razón e inmediatamente quedan atrapados. Los turcos y los judíos se burlan excesivamente de nosotros con referencia a este Sacramento. Y cuando los turcos oyen que los cristianos se comen su Dios, dicen: ¡Cosa más necia jamás ha sido expresada! Si se abre la puerta para que el diablo pregunte: ¿Por qué ha dicho Dios esto?, ¿cómo se entiende?, entonces ciertamente ganará. Si la serpiente mete la cabeza, todo el cuerpo sigue inmediatamente.

Aquí no hay palabras enigmáticas, sino palabras de claridad cristalina: Jesús tomó pan, lo bendijo, lo partió y se lo dio a ellos, diciendo: "Tomen y coman. Esto es mi cuerpo." Es una palabra asombrosamente clara. Él no dice: Algún tipo de alimento, sino pan, así como lo llaman los niños, el que la madre o el padre cortan. Además, Jesús dio instrucciones sencillas: "Tomen y coman." Esto no tiene nada de enigmático. Por cierto, si hubiese utilizado palabras enigmáticas, como en el Salmo 3:7 ("¡Rómpeles los dientes a los malvados!"), se podría llegar a pensar: ¿Qué son los dientes? ¿Se refiere a la boca? O como en el evangelio: "¡Ojo con la levadura de los fariseos y con la de Herodes!" (Marcos 8:15). O como en Lucas 8:11: "La semilla es la palabra de Dios." Pero aquí encontramos palabras tan claras, que no permiten una interpretación metafórica, porque hablan de tomar, administrar y comer corporalmente, de manera que no se las puede ignorar sin violentar las palabras.[7] Si quieren mutilar el lenguaje, ¡agucen las orejas! Yo también podría decir: Madre significa ramera, padre significa fornicador. Entonces ya nadie podría hablar con ningún otro. Los que quieren quedarse con la verdad, cuiden de mantenerse fieles a las palabras que nos han sido dadas en los sacramentos. Si se aferran a las palabras, tendrán certeza. Pero si dejan entrar a Satanás con sus argucias, están fritos.

Esto se aplica a gente ilustrada que repele a Satanás. Aconsejo a los simples a no involucrarse demasiado en esta disputa. Si Dios no lo impidiera, pronto estarían extraviados, porque Satanás puede también afilar y aguzar su lengua de tal modo que la gente deseche las palabras; logrado esto, están fritos. Yo conozco el duro trabajo y sudor requeridos para continuar aferrado a las simples palabras. Si Satanás me encuentra indolente y desprovisto de la palabra de Dios, me dispara un dardo envenenado. En esto es un maestro y está al acecho por lo siguiente: Si ve que el corazón está oprimido y ocupado con otros pensamientos, entonces se presenta y motiva a las personas a que se extravíen, de modo que se pierdan del todo. De esto no saben nada los fanáticos. Pero yo conozco una buena parte de la astucia de Satanás.[8] Lo que busca es encontrar un hogar ocioso que no tenga la Escritura, o trata de escamotearles la Palabra. Así fue como tentó a Adán. El mandamiento de Dios estaba arraigado en el corazón de Adán, pero Satanás dijo: Es verdad, sin duda alguna es el mandamiento de Dios, pero ¿por qué? Tan pronto como el mandamiento abandonó sus corazones, murieron. Sin embargo, Satanás no se queda contigo si ve que con ambas manos aferras firmemente la Palabra; entonces no aparece porque teme el filo cortante de la Palabra, y de verdad te deja en paz.

Es una completa tontería afirmar que la certeza no conoce sus añagazas.[9] Por esto es que te exhorto a que te aferres a las palabras. Si te mantienes fiel a ellas y llega a venir uno de esos fanáticos, no lo escuches, sino más bien presta atención a las palabras. Por lo tanto, si se me acercan los fanáticos con sus razonamientos, no tienen sobre mí más efecto que el que me produce un necio. Pero si dejo la Palabra, estaré perdido. Ahora bien, ellos dicen: ¿Cómo le voy a encontrar sentido a esto? ¿Cristo está sentado arriba en el cielo y está en el pan? El diablo ha fijado esta idea de tal manera en sus corazones, que están incapacitados de oír. Cuando oigo sus palabras, me entran por un oído y salen por el otro. Ni siquiera es necesario responderles. No acepto sus palabras ridículas. No quiero tampoco hacerles el honor de refutar todas sus palabras, como lo hacen ellos con las mías con el mayor esfuerzo. Cuando uno construye una casa, es algo que exige empeño, y luego sopla el viento (Mateo 7:24-28), es decir, ¡puedes tener la certeza de que no tendrás descanso ni paz!

¡Debido a esto toma los recaudos necesarios para cimentar tu conciencia en la Palabra! Entonces ciertamente capearemos el temporal. Pero si construyes sobre la arena, no escaparás. Están los que hacen trizas completamente el Sacramento, de modo que no queda nada. Con los papistas al menos quedó una especie. Pero con nosotros, que tenemos la Palabra, el Sacramento sigue siendo el verdadero cuerpo y la verdadera sangre de Cristo. Cómo sucede, no has de saberlo. La fe y la vista se diferencian una de la otra. Lo que se cree, no se ve, y lo que se ve, no se cree. Cómo es posible que una madre continúe siendo virgen, es algo que no puedo comprender. Los judíos se mofan de esto y del hecho de que el Hijo de Dios acepta una muerte tan humillante y que Dios y el hombre son una persona. Para los turcos, paganos y vacas el pan es pan y el vino, vino. De ahí que no es cosa de gran habilidad si esto se enseña. Si algo es perceptible, entonces no es un artículo de fe. Nosotros creemos que Cristo nos ha dado su cuerpo y sangre en este Sacramento, tal como lo expresan sus palabras.

Primero y principal, uno debe por tanto aprender a aferrarse pura y estrictamente a la Palabra. ¡Si el pueblo quiere pelear contra sus enemigos, hágalo como quien está preparado y adiestrado para hacerlo! No todos son hábiles en esto o están tan instruidos como quisieran estarlo. Satanás puede, ciertamente, dar por tierra con tal aprendizaje. Instrúyanse mutuamente con estas palabras y manténganse aferrados a ellas y digan: Las palabras son tan claras, así como hablan una madre y su hijo, dichas con la mayor sencillez. Nada tienen de enigmático; ¡así como están, que queden! Cuando la prueba viene de Jesucristo, no ocasiona daño. Por eso estas palabras, "concebido por obra del Espíritu Santo, nacido de la virgen María", son claras. "Nacido" quiere decir "nacido" y "virgen" quiere decir "virgen". Siendo las palabras tan claras, no hace falta explicación. No digo esto sin una buena razón. Es el diablo quien quiere hacer parecer claras las palabras enigmáticas y que las claras parezcan enigmáticas. Es su habilidad.

Ahora hablaremos de la verdadera esencia del Sacramento. ¿Cuál es su esencia? ¿Cómo se conforma el Sacramento del Altar? El Sacramento consiste de tres partes: El mandamiento de Dios, los elementos del pan y vino, y la promesa. La palabra de Dios es parte del Sacramento, en realidad ésta sobre todo; después forma parte lo que uno toca y percibe. Pero esa Palabra es doble: Mandamiento y promesa. Así como en el Bautismo: Dios ordena, "¡Vayan a todas las naciones y bauticen!" (Mateo 28:19), y promete: "El que crea y sea bautizado será salvo" (Marcos 16:16). En el Sacramento del Altar encontramos la parte material, pan y vino, y en ellos el cuerpo y la sangre de Cristo. En segundo lugar, tenemos su promesa solemne por la que se compromete con nosotros y algo se entrega en prenda: Esto es mi cuerpo, entregado por ustedes. Cuando Dios hace un pacto con nosotros, nos promete algo; nosotros lo recibimos y prometemos guardarlo. Éstas son las confiables promesas solemnes de Dios en la Escritura y los Salmos.

"Esto es mi cuerpo, entregado por ustedes." Son palabras que no nos ordenan hacer algo sino que dan la impresión como que alguien me promete y concede algo a mí, porque dice: "¡Toma!", y no "¡Haz algo!" Nada se ordena aquí, solamente se otorga, promete y da. Quienquiera que acepta de buena gana este pacto, recibe la promesa. Por lo tanto el pan y vino son una parte del Sacramento. Luego la Palabra es portadora del voto y la promesa del Señor. Por tanto, lo que conforma un sacramento es, en primer lugar, que hay algo como pan y vino; en segundo lugar, que está la palabra del voto y la promesa del Señor. Estos dos conforman el sacramento: Algo material como pan y vino y la palabra que dice: "Esto es mi cuerpo, entregado por ustedes." La tercera cosa es que Dios ordena, instituye y manda: "Hagan esto en memoria de mí." Ahí no da, sino que exige. Primeramente ofrece y se compromete a sí mismo con lo que hará; pero lo que viene en segundo lugar lo tenemos que hacer nosotros: "Hagan esto en memoria de mí." Si aprendes correctamente estas palabras, entonces entenderás correctamente el Sacramento: Primero algo material, en segundo lugar una palabra; de estos dos consta el Sacramento.

Gracias a esto podrás replicar fácilmente al abuso del Sacramento, abuso que se ha extendido por el mundo. Hay quienes están preocupados preguntándose si un sacerdote malvado podría administrar correctamente el Sacramento, o bautizar y administrar el Sacramento siendo que él mismo no cree. Esto ha generado un gran revuelo, y aún persiste.[10] Por lo tanto dicen: ¿Cómo podría él, que no es limpio, tener la habilidad de limpiar a otro? Si un servidor tiene las manos sucias, ¿cómo puede limpiar una copa? Lo que es sucio, es incapaz de limpiar. Concluyen entonces: Un sacerdote malvado no puede bautizar o administrar el Sacramento. Este error se frena con estas palabras: "Tomen y coman." Ahí queda establecido que el Sacramento no depende de la santidad del sacerdote o de su justicia, sino solamente de las palabras de Cristo.

El sacerdote no obra el Sacramento del Altar ni el Bautismo –si bien hace que ocurra–, y por cierto ni siquiera Pedro, Pablo o un ángel pueden obrarlo. El Sacramento depende de la Palabra. El elemento material es pan y vino; la Palabra es "esto es mi cuerpo", "esto es mi sangre." Pero, ¿quién dice esto? No son palabras del sacerdote, como no lo son tampoco las palabras "yo te bautizo." Son las palabras de quien tomó en sus manos el pan y dijo: "Tomen y coman." No tomó el pan, se lo dio a ellos y dijo: ¡Esto es lo que deben decir!, sino que fue él quien las dijo. Sin embargo, cuando el sacerdote lo toma en sus manos y lo distribuye, decimos ya sea que el sacerdote crea o no, si administra el Sacramento, nos ofrece el cuerpo y la sangre de Cristo.

Dios también puede expresarse mediante un asno (Números 22:21-41). En realidad, nadie debe sentirse ofendido por este error. Incluso personas famosas se han visto mezcladas en esto. Cipriano rebautizó herejes que anteriormente habían sido bautizados. ¡Pongan atención entonces! ¡El Sacramento no se basa en la santidad humana sino en la palabra de Dios! De otro modo, jamás podría yo recibir el Sacramento, escuchar un sermón o ser bautizado.

El diablo es capaz de falsearlo inmediatamente, preguntando: ¿Cómo puedo saber si alguien es justo? Ellos dicen: "Por sus frutos los conocerán" (Mateo 7:20). ¡Ciertamente! Entonces no obtendríamos nada en absoluto del evangelio y los sacramentos. Una persona justa podría dirigirse al altar siendo justa y convertirse en malvada estando ante el altar. La justicia humana tiembla como una hoja de álamo. Pero yo no voy a fundar mi fe en una hoja como ésa. Esta gente es tan necia como si uno dijera: Si una persona justa predica el evangelio, entonces creeré la Palabra; si predica un impío, no creeré. Pero Dios ha instituido el Sacramento sobre sí mismo, su Palabra y su promesa. Esto es el verdadero cuerpo y la verdadera sangre de Cristo, no porque el sacerdote sea santo, sino porque escuchas la Palabra, la promesa y el voto que él le agrega al decir: "Esto es mi cuerpo", "esto es mi sangre."

Vemos aquí, pues, el gran abuso por medio del cual el diablo ataca el Sacramento. Pero suponte que dijeras: ¡El Sacramento es pan y vino y la Palabra por añadidura! ¡Eso es! Si esta Palabra no estuviese allí, sería solamente pan y vino, como el que comes y bebes en la mesa. Pero, debido a que estas palabras le han sido añadidas, es algo más. Estas palabras no son una cuestión de justicia humana sino de la palabra de Dios. Lo mismo sucede con el Bautismo. No son palabras de Pedro o de Judas y aún así cada uno de ellos puede decirlas. Aunque las pronuncie Pedro o el diablo, son palabras de

Dios. Para mí San Pedro no sería digno de consideración si previamente Cristo no hubiese dicho: "¡Vayan y bauticen!" Del mismo modo no tendría consideración alguna por el pan aunque se le rezaran cien salmos. La santidad de los salmos no produce el cuerpo de Cristo, de manera que voy presuroso al encuentro de la Palabra de Cristo, ya sea que el Sacramento me lo alcance un bribón o alguna otra persona.

Ignora a los que dicen: ¡Mira qué oficio tan excelente tiene un sacerdote! Puede hacer bajar a Cristo del cielo.[11] Tanto parlotearon que nosotros, pobres, lo creímos. Por causa de esto dices que un sacerdote está por encima de cualquier ángel o de nuestra propia querida señora María. ¡Vergüenza debiera darte! No es la palabra u obra de una persona, sino de Dios. ¡Por tanto, no prestes atención a su obra! El sacerdote no hace otra cosa sino mover su mano y boca. La palabra y obra siguen siendo de Dios.

Los fanáticos se privan a sí mismos, más allá de toda medida, de la efectividad en la cuestión. Por eso nos vilipendian: ¡Ustedes, nuevos papistas, quieren salvar a la gente con pan y vino, con un puñado de pan! ¿Acaso creen que por su siseo Dios va a descender del cielo y arrastrarse hacia dentro del pan? Cuando el pueblo simple oye semejantes cosas, se deja engañar con argumentos mordaces. ¡Pero a ti, Satanás, te muestro el trasero![12]

Nunca hemos enseñado que en el Sacramento hay solamente pan y vino. Por el contrario, hemos dicho que hay dos partes en el Sacramento, es decir, pan y vino y la palabra de Dios. Pero ellos no tienen el Sacramento, de modo alguno; porque sin la Palabra no es un sacramento. ¿Pero qué opinan ustedes de esto, que Cristo viene y dice: "Esto es mi cuerpo", "esto es mi sangre"? ¿Es entonces simple pan y vino? Esto es lo que quieren encubrir para que el pueblo no se entere. El papa hizo lo mismo.

Todos quienes atacan el Sacramento tratan de hacer aparecer enigmáticas las palabras, como ha hecho el papa. Cuando alguien tergiversa las palabras y de "esto es" hace "esto significa", el Sacramento queda destruido. Pero a esa persona puedes replicarle: ¡Borrico malparido, no mutiles el Sacramento por mi causa! Me quitas la Palabra, la cual es el núcleo y me dejas con la cáscara; es decir, con pan y vino. Cristo dijo: "Esto es mi cuerpo", ¡eso es el núcleo! Las palabras hacen que sea Sacramento, lo mismo que el grano, tiene cáscara y núcleo. El agua del Bautismo es una cáscara, pero cuando se le agrega la Palabra, aparece el núcleo y ya no es solamente cáscara. Si permites que te dividan el Sacramento y te quiten el núcleo, todo está perdido.

Un sacramento es un elemento creado que contiene la Palabra de Dios.[13] Debes atribuirle más a la Palabra que al elemento creado; por cierto todo a la Palabra, nada al elemento creado, porque la apariencia del elemento es solamente una cáscara a la que le falta la Palabra. Todos los errores vienen de quitar la Palabra. Si conservas la Palabra, confrontarás sin temor al papa, a los fanáticos y a aquellos que piensan que un sacerdote está por encima de los legos. El problema está en que se considera el Sacramento como un mero elemento creado o como una obra humana. El papa dice que en el Sacramento el sacerdote ofrece un sacrificio. Todo esto surge del hecho de que se lo considera como una obra humana. Pero nosotros lo consideramos como la obra de Dios adornada con la Palabra de Dios.

Mañana hablaremos en detalle del error del papa, para que aprendan a reconocer bien y con claridad este Sacramento.

Notas

[1]Andrés Karlstadt, en un tiempo colega de Lutero en la Universidad de Wittenberg, argüía que cuando Jesús dijo "esto es mi cuerpo", señalaba hacia su propio cuerpo. Así la palabra "esto" no se refería al pan sino al cuerpo físico de Jesús.

[2]Aquí Lutero se refiere al principal desacuerdo entre él y Ulrico Zuinglio. Ver, por ejemplo, *That These Words of Christ, 'This Is My Body,' Etc., Still Stand Firm against the Fanatics*, [Que estas palabras de Cristo, 'esto es mi cuerpo,' etc, siguen firmes contra los fanáticos], un pequeño libro de 1527 (LW 37:3-150).

[3]Juan 21, Hechos 9, y Hechos 7. Lutero señala que la aparición del Resucitado en Juan 21 tuvo lugar después de la ascensión.

[4]La manera acostumbrada de Lutero de describir el poder seductor de la razón.

[5]Los arrianos se llamaban así por Arrio (c. 250 – c. 336), un sacerdote de Alejandría, Egipto, quien enseñó que Cristo no era del todo Dios sino que "hubo [un tiempo] en que no lo fue." Cerinto (c. 100) fue un gnóstico que afirmaba que Jesús era inferior a Dios.

[6]Lutero utilizaba a veces el término turcos, como en este caso, para referirse a los seguidores del Islam. Lo mismo que los arrianos, rechazaban la Trinidad.

[7]Ulrico Zuinglio argüía que la frase "esto es mi cuerpo" era un tropo y que debía interpretarse metafóricamente.

[8]Lutero hablaba con frecuencia de los ataques de Satanás (*Anfechtungen*) a su

persona. Una de sus mayores crisis espirituales surgió en la segunda mitad de 1527. Ver Heiko A. Oberman, *Luther: Man between God and the Devil* [Lutero: El hombre entre Dios y el diablo] (New Haven: Yale University Press, 1989), 320-324.

[9]Los teólogos del Medioevo llamaron con frecuencia la atención contra *securitas* (la seguridad) como que le otorga licencia al diablo. Esto se contrastaba con la piadosa virtud del temor. Así, de acuerdo con el relato de Lutero de su encuentro en Augsburgo en 1518, el cardenal Cayetano (1469 – 1534) atacó la explicación de Lutero de la séptima de las 95 Tesis, basado en que la exigencia de Lutero por fe en la absolución del sacerdote contradecía la incertidumbre que se debe tener respecto de si se recibe la gracia. Ver LW 31:261, 270 – 275.

[10]Este asunto fue planteado primeramente por los donatistas en África del Norte, quienes rompieron con la Iglesia Católica por la presencia de ciertos "traidores" entre los obispos, quienes habían entregado los libros sagrados de la iglesia durante la persecución de Diocleciano de A.D. 303. Agustín los resistió con varios pequeños libros y sermones. La posición de los donatistas fue revivida por unos anabaptistas, quienes argüían que si el papa era el anticristo, entonces los sacramentos administrados durante su reinado, en particular el Santo Bautismo, eran inválidos. Ver LC, Confesión de Augsburgo, VIII, y de Lutero *Concerning Rebaptism* [concerniente a bautizar de nuevo], LW 40:230-234.

[11]Lutero se refiere aquí a ciertos aspectos de la piedad de la segunda mitad del medioevo, que imaginaban que por virtud de su ordenación el sacerdote era poseedor de la gracia de traer a Cristo dentro del sacramento.

[12]Por la naturaleza escatológica de los comentarios de Lutero referidos al diablo, ver Heiko Oberman, *Luther: Man between God and the Devil* [Lutero; El hombre entre Dios y el diablo] (New Haven: Yale University Press, 1989), 106-109.

[13]Aquí y en otros lugares de este sermón, Lutero parafrasea la declaración de Agustín de su sermón acerca de Juan 15:3: "La palabra se agrega al elemento, y se convierte en sacramento." Ver sus *Homilies on the Gospel of John* [Homilías acerca del Evangelio de Juan] en NPNF, series 1, 7:344.

Martes de mañana, Semana Santa 23 de marzo de 1529 La Santa Cena: No convertir el Sacramento en una obra

Ya hemos señalado algunos de los abusos y errores con relación a este Sacramento. Ahora proponemos pormenorizar los errores que el papa ha disparado contra nosotros. Es muy importante no olvidar estos errores. Porque al comenzar a olvidarlos, también nos olvidamos de las palabras de Dios y del Sacramento. Donde falta la Palabra, no hay estabilidad. Pero, resulta que ahora es ése su gran objetivo, quitarnos la Palabra o tergiversarla. Al respecto hemos escrito un montón, lo hemos cantado, predicado y dibujado sobre papel.[1] Sin embargo, aún así no leen las palabras relacionadas con el Sacramento. En lugar de esto, para ellos la verdad es sólo lo que dicta la costumbre y lo que han escrito los Padres de la antigüedad. Pero, a fin de entender mejor las palabras y el Sacramento, debemos considerar estos errores cuidadosamente.

Ya han oído hablar del error de que los sacerdotes se han erigido en más grandes señores que los ángeles y la madre María, y han convertido el Sacramento en una obra.[2] No asimilaron que el Sacramento es una promesa y un pacto en el que se nos dan el cuerpo y la sangre de Cristo. Ustedes, los mayores, los que estaban con nosotros bajo el dominio del papado, saben esto. En ese tiempo nadie pensaba en procurar ayuda, consuelo y salvación en el Sacramento; en lugar de esto uno iba para realizar una obra, precisamente como las personas dominadas por el papado son inducidas a hacerlo hoy en día.

Es un abuso grande y terrible, el cual vale la pena conocer y que se ha expandido por todo el mundo: Celebran el Sacramento como una buena obra y sólo les importa el mandamiento de la iglesia. Cualquiera podría dar por tierra con este error y abuso, fijándose simplemente en la frase "y se lo dio a ellos". Ciertamente es una dádiva, como lo expresa el texto. Y Jesús mismo dice: "Tomen." Por lo tanto es un regalo, fuera de toda duda. ¿Por qué no prestan atención a las palabras? Porque Satanás lo quiere así, que la gente no distinga correctamente el Sacramento sino que se quede con la vieja hojarasca de ellos. Por esta causa, si con toda sencillez entiendes la Palabra correctamente, podrás eliminar el abuso diseminado en todo el mundo. El texto dice "entregado"; nosotros no hemos forzado a Cristo dentro del Sacramento, sino que él lo ha legado voluntariamente. Dice entregado, tomado, comido, bebido, alabado, agradecido, no arrancado por la fuerza. Pero ellos no quieren ver esto, sino que cierran los ojos y consideran el Sacramento como una obra de obediencia. Me temo que esta atrocidad es tan grande que no será castigada con un castigo temporal sino eterno. Además, existen aún más abusos sumados al hecho de que los legos olvidan las palabras de fe y no quieren recibir el Sacramento como un regalo para sus almas.

Los sacerdotes son mucho más malvados y se han metido en un rincón, han leído la misa y no la han recibido como un regalo, sino como un sacrificio. Después, estos miserables se lo han distribuido a sí mismos; por propia autoridad lo tomaron y vendieron a otros.[3] Este abuso surgió también del hecho de que la Palabra fue escamoteada. Pero ahora el abuso ha sido eliminado.

Vean cuán despreciable era este abuso. El Sacramento no ha sido entregado a individuos solos, para que el sacerdote vaya y coma él solo. El texto dice que debe haber por lo menos dos o tres.[4] Por esta razón los Padres lo llamaron también *Synaxis*, comunión, una distribución en grupo. Pero el sacerdote hace lo opuesto, lo considera como una obra, y lo utiliza sólo para sí mismo. No se fija en las palabras: "Esto es mi cuerpo, entregado por ustedes." "Entregado por ustedes" se refiere al grupo. Si considerara las palabras se horrorizaría, dejaría su misa y arrojaría lejos casulla y estola. El Sacramento es un gran regalo entregado para muchos, y él lo sacrifica para sí solo. Las palabras "entregado por ustedes" abrogan todas las misas privadas, pero ellos no lo quieren ver. ¿Acaso la declaración "por ustedes" quiere decir, "para un dios en el cielo"? Lo hemos dado vuelta y hemos convertido la misa en un sacrificio que nosotros realizamos. "Te presentamos este sacrificio", han dicho. Pero el Sacramento se nos da a nosotros como un regalo, y ellos lo arrojan hacia arriba, al cielo. Esto es lo que sucede cuando uno deja que la Palabra se debilite. Sin embargo las palabras expresan con certeza: Es un regalo que nos ha sido entregado a nosotros, a mí, a ti y a todos. Con estas palabras pueden ustedes dar por tierra con todo lo que el papa ha introducido.

¡Observen ahora el resultado de convertir el Sacramento en una obra! Todos vendían el Sacramento, y con el producto de estas ventas se fundaron misas, altares, monasterios y procesiones anuales: Traigo tantos cientos de monedas a este altar por mí y por todos mis parientes, a fin de que nos beneficiemos con este oficio divino. Reivindicaban la recepción de estos donativos diciendo que hacían reparación ante Dios en favor del pueblo. ¿Cuál era su error? No prestaban atención a las palabras, que dicen: "Esto es mi cuerpo, entregado por ustedes." Son palabras que no se venden, sino que todo aquel que las cree obtiene su fruto y viceversa.

La compra y venta está tan extendida que la misa gobernaba el mundo. Observen simplemente las misas en la feria anual: Por la travesía, por buena fortuna, por hacer el amor. Todo lo volcaron en la copa. Los desgraciados y todo el mundo invirtieron su dinero en la misa. ¿No son abusos terribles? Nadie pensó en esto porque nadie se preocupaba por las palabras. Al contrario, quedaron empantanados en la noción de que el Sacramento es el cuerpo y la sangre de Cristo ofrecidos por los pecados de los vivos y los muertos. El papa prohibió con gran celo que los sacerdotes proclamaran las palabras de la institución a los legos. Así las palabras cayeron en el olvido para nosotros y para ellos mismos, de manera que quedaron en total ignorancia en cuanto a las palabras y en su lugar se atuvieron a la mera obra.

Pero el abuso más terrible es el último: Cada sacerdote se ha constituido a sí mismo en mediador de Cristo. Y todo esto surge del hecho de que no han prestado atención a las palabras. Incluso en las palabras y el Sacramento, en que Cristo es llamado mediador, él, el "curita",[5] interviene y se llama a sí mismo mediador. Consideren con atención el texto de la misa, y seguramente verán que esto es así. Con sus misas han reclamado para sí aquello que es obra de Dios solo.

Tomás de Aquino diferenció entre el *opus operatum* y el *opus operantis*.[6] La misa es una obra, pero con esta distinción. Es, al mismo tiempo, un *opus operantis*, la obra que realiza el sacerdote, y el *opus operatum*, el cuerpo de Cristo en el Sacramento. Dicen que la misa (el *opus operantis*) es tan sublime, porque el *opus operatum* (el Sacramento) está presente. Si fuese solamente la obra del sacerdote, no sería tan sublime. Pero debido al *opus operatum* puede venderla y ayudar a otros. ¿No es algo del todo increíble? Esta gente, que debiera comunicar las palabras de Cristo y el Sacramento de acuerdo con la institución de Cristo, los ofrecen como un sacrificio a Dios, como si ellos fuesen los mediadores, siendo que en realidad Cristo es el único mediador. El sacerdote quiere ser el mediador y convertir a Cristo en el sacrificio. A causa de esto es que el Sacramento se vendió a un precio tan alto, porque en su esencia es algo tan sublime que ni el cielo ni la tierra tienen con qué pagar.

Pero Cristo ha instituido el Sacramento para que lo tomemos y disfrutemos, y lo ha hecho para ejercer con nosotros su oficio de mediador al decirnos: "Esto es mi cuerpo, entregado por ustedes." De allí que el Sacramento no es otra cosa sino un ejercicio de su oficio de mediador. Pero entonces interviene el "curita"[7] y quiere convertir a Cristo en un sacrificio y reconciliarnos con el Padre y con Cristo, como si Cristo no fuese suficientemente poderoso para hacerlo él mismo. Tan grande es esta atrocidad, que me quedo corto de palabras.

Pero debemos eliminar esos abusos. Y ocurre cuando prestamos suma atención a las palabras. Ellos convirtieron el Sacramento en un sacrifico a Dios, siendo que no es otra cosa sino un regalo, es decir, el cuerpo y la sangre de Cristo que se nos da para comer, beber, y recibir. Me sorprende que los papistas no miren sus propias bocazas. Porque ahí está la obra: Deben comer y beber y proclamar las palabras de Cristo que dicen que es un regalo. No obstante, actúan en contra de sus propias palabras y las de Cristo, las que tienen delante de los ojos. Si comer y beber en el Sacramento es un sacrificio, entonces todo lo que Cristo me da se llama una obra y un sacrificio que yo ofrezco a Dios. Ellos lo comen, lo disfrutan y lo reciben, y sin embargo no lo llaman un regalo sino una obra y un sacrificio.

Mis ojos y oídos son un regalo de Dios. Pero si yo le hiciera caso a estos necios, debería decir: Porque veo y oigo, ofrezco un sacrificio a Dios. De la misma manera, ustedes no deberían llamar a sus hijos, casa y granja, campos, dinero y todo lo que poseen, un regalo de Dios sino un sacrificio. Aunque ellos lo reconocen con sus propias palabras y confiesan que reciben algo cuando comen el cuerpo y beben la sangre de Cristo, sin embargo persisten en su impiedad y se resisten a desistir de su abuso, y en cambio dicen: "He resuelto que se lo ofreceré a Dios como una obra y un sacrificio, y no lo recibiré de él como un regalo, pese a que lo llamo un sacramento."

Ahora bien, los cristianos deben agradecer todos los regalos. Éste es el sacrificio, como dice en el Salmo 50:14: "¡Ofrece a Dios tu gratitud, cumple tus promesas al Altísimo!" Y Cristo dice: "¡Hagan esto en memoria de mí!"[8] Lo que se nos da, lo que proviene de Cristo para nuestro bienestar se llama, razonablemente, un regalo que debemos disfrutar y no sacrificar y entregar a Dios. Por esta razón es que los he exhortado diligentemente a que aprendan en qué consiste el Sacramento. Decimos: Un Sacramento es pan y vino contenido en y con las palabras: "Tomen y coman. Esto es mi cuerpo." Estas palabras deben estimarlas como muy preciosas, y deben juzgar todo de conformidad con ellas y aferrarse a ellas. Porque ciertamente declaran formalmente que en el Sacramento están presentes el cuerpo y la sangre de Cristo. Enseñan con seguridad que no es simple pan y vino.

Ustedes pueden echar por tierra todos los errores tanto de los papistas como de los entusiastas, aferrándose precisa y estrictamente a las palabras. Si les arrebatan las palabras, no pueden controlar el error. Creo que está dicho con suficiente sencillez. Queda perfectamente claro qué es el Sacramento cuando lo expresan así: Es pan y vino comprendido en estas palabras: "Jesús tomó pan…" Son palabras que los mantendrán en un entendimiento prístino de este Sacramento y del uso que el cristiano debe darle, de modo de tener el Sacramento en toda su pureza.

Pero nuestros adversarios tienen un argumento contra nosotros: Nosotros no llamamos el Sacramento un sacrificio, pero, dicen ellos, ¡Agustín y Ambrosio lo llaman un sacrifico![9] ¿Qué diremos de esto? De modo que tienen una palabra como ésa de los Padres; ¡eso solo ya debe ser para ellos el sol! Yo respondo de esta manera: El Padre y Cristo hablan de este modo; lo que Agustín dijo no tiene ningún valor. Nosotros prestamos oídos a lo que dice Cristo. ¡Pero ellos objetan diciendo que debemos prestar atención a lo que dicen Agustín y Ambrosio! A esto respondemos: Respetamos a cada uno de los Padres por los dones que han recibido, pero no los ponemos por encima de Cristo. Si debo rechazar a uno, a Cristo o a Agustín, entonces rechazaré más bien a Agustín. Ahí están las claras palabras de Cristo. Que algunos las llamen un sacrificio, vaya y pase. No han presentado ninguna razón para la descripción que hacen de esas cualidades particulares. Es por esto que difícilmente Agustín y Ambrosio me motiven a llamarlo un sacrificio, contrariamente a las palabras de Cristo. Hasta ahora no he oído decir que uno debe creerle a Agustín antes que a Cristo. Nadie está obligado a creerme a mí. Pero se debe obedecer a Cristo.

Ahora bien, a cualquiera de estas personas y a todas ellas, las que no aceptan razones, les respondo brevemente como sigue: Antes creo a Cristo que a los Padres. Si ellos dicen: ¡Pero tú no crees a los Padres; yo respondo: y ustedes no creen a Cristo. Pero a las personas razonables les respondo de esta manera: No nos parece que ellos [Agustín y Ambrosio] lo llamaran un sacrificio en realidad, porque nunca lo vendieron. La madre de Agustín rogó a su hijo que la incluyera en su oración en la misa.[10] ¡Por cierto! Yo también pediría eso. Ellos lo administraron justamente así como lo hacemos nosotros, con la diferencia que lo llamaron un sacrificio, lo cual tomaron del Antiguo Testamento. Es decir, cuando la gente llegaba y traían dádivas y se las entregaban a los sacerdotes, lo llamaban un sacrificio. Esta costumbre arraigó entre los cristianos, como queda claro de las palabras del apóstol: "Cuando se reúnen para comer, espérense unos a otros" (1 Corintios 11:33). Era una comida de sacrificio. Porque los primeros cristianos no tenían pan y vino en la sacristía, pero al reunirse traían mucho pan y vino. El sacerdote tomaba el pan que quería sacrificar y lo elevaba. Eso se llamaba una "colecta", o un acopio, y lo que sobraba de pan y vino se lo daba a los pobres. Eso de que lo llamaran un sacrificio es simplemente un vestigio del Antiguo Testamento.[11] En hebreo, *missa* significa "impuesto", un impuesto de herencia en particular. Los judíos lo llamaban el impuesto que traían a los sacerdotes. No es que los cristianos lo consideraban un sacrificio y esperaban ser reconciliados con Dios por medio de ese sacrificio, sino que, como dice Ambrosio: Yo recibo diariamente el Sacramento, lo mismo que la sangre de Cristo, la cual en algún momento en el pasado había sido derramada en la cruz, se distribuye diariamente.[12]

Del mismo modo, el término "sacerdote" se sigue empleando para los que predican y administran los sacramentos, aunque es un término común aplicable a todos los cristianos.[13] En el Nuevo Testamento se conservan muchos de estos términos, como las vestiduras y el templo, aunque no es el mismo templo como el del Antiguo Testamento. Por esto, no se debe hacer lo que los papistas quieren a causa de la palabra "sacrificio". Hoy día nuestro Señor Dios no tiene templo. En vez de esto, en el Nuevo Testamento, el templo está donde se predica la palabra de Dios. Es provechoso tener estas casas comunes. Pero ya no debemos servir a Dios en ellas como en el Antiguo Testamento. No obstante, incluso ahora los papistas insisten en esto y se aferran al término. Los edificios de piedra y las consagraciones no confieren la categoría de templo; confieren la categoría de iglesia de juegos de niños.

He mencionado esto como un ejemplo de que muchos términos tomados del Antiguo Testamento se conservan. Así, los términos "sacerdote" y "templo" se mantienen para ciertas personas y lugares en particular, aunque ya no corresponden sólo a nuestros sacerdotes y templos, sino a todos los cristianos y lugares que quedan definidos por la palabra. Igualmente la casulla procede del Antiguo Testamento.[14] Por eso lo que sigue no dice nada en absoluto: Los Padres llaman el Sacramento un sacrificio; por lo tanto es un sacrificio. Más bien Cristo ha suprimido todos los sacrificios por el sacrificio único en la cruz. El mundo entero debiera estar lleno de sacrificios, como dice Zacarías 14:21.

Satanás ha destruido la esencia y naturaleza del Sacramento por medio de los fanáticos, y el papa ha quitado una especie. De aquí ha fluido un río de errores. Y todo surge del hecho de que se desprecian las palabras de Cristo. El Sacramento es pan y vino comprendido en estas palabras: "Esto es mi cuerpo," "esto es mi sangre". Estas palabras les enseñan que el Sacramento debe ser administrado con las dos especies, que es una promesa divina, por la que Dios les da el verdadero cuerpo en el pan y la verdadera sangre en el vino, y que es el regalo eterno de ustedes y no debe ser encerrado en el cielo, como hacen los entusiastas al decir: Cristo está sentado a la diestra de Dios.

En otro momento predicaremos acerca del uso verdadero, de cómo disfrutar de él, y después los exhortaremos a no despreciarlo.

Notas

[1]Lutero probablemente se refiere a cosas como sus propios himnos referidos a las porciones del Catecismo (LW 53:249-51, 271-73, y 277-81), sus sermones catequísticos (ver también LW 51:133-93), su *Personal Prayer Book* [Libro personal de oraciones] (LW 43:3-45) y la forma original del *Catecismo Menor*, del cual habían sido impresas algunas porciones ya en enero de 1529, en hojas de papel individuales y vendidas así. Hacia 1529, ambos libros, su *Libro personal de oraciones* y el *Catecismo Menor*, aparecieron publicados con grabados que ilustraban los mandamientos, artículos, peticiones y sacramentos.

[2]Lutero ataca aquí la noción, prominente entre los teólogos medievales, de que el Sacramento es efectivo *ex opere operato*, es decir, por la simple realización del rito o de la acción. Esto dio lugar a que se aplicara la gracia de la Santa Cena a los que no se encontraban presentes o aun a los muertos, y restringió la importancia de la fe y de la promesa de Dios. Ver *The Babylonian Captivity of the Church* [La cautividad babilónica de la iglesia] (LW 36:19-57).

[3]Comp. el ataque de Lutero de 1521 en *The Misuse of the Mass* [El abuso de la misa] (LW 36:162-948).

[4]Es decir, el mandato "Tomen", es plural y no singular.

[5]En alemán: *Pfäfflein* (curita). Lutero utiliza el diminutivo como una descripción denigrante de los sacerdotes romanos y su misa.

[6]Lutero utiliza aquí la terminología escolástica con algo de desenfado. Pedro Lombardo, compaginando distinciones hechas por Agustín en sus peleas con los donatistas, diferenció entre los sacramentos del Antiguo y Nuevo Pactos. Argüía que, mientras que los sacramentos del Antiguo Pacto (tales como la circuncisión y sacrificios del templo) eran efectivos *ex opere operantis* (por la disposición u obra del que ofrecía los sacrificios), los del Nuevo Pacto encerraban una gracia más vigorosa y, en consecuencia de esto, eran efectivos *ex opere operato* (por la mera realización del rito o acción). Aquí Lutero refiere lo segundo a la presencia de Cristo en el Sacramento que ofrece gracia, y contrasta esto con la obra del sacerdote que dice la misa.

[7]Ver arriba, nota 5.

[8]Al año siguiente, 1530, Lutero se explayó acerca de esto en su *Admonition concerning the Sacrament of the Body and Blood of Our Lord* [Exhortación referida al sacramento del cuerpo y sangre de nuestro Señor] (LW 38:124-37).

[9]Ver, por ejemplo, Agustín, *Confession*, [Confesión] IX,xi,27 (NPNF, series 1, 1:138), y Ambrosio, obispo de Milán (c. 339-97), *Two Books on the Decease of Satyrus*, [Dos libros acerca de la muerte de Sátiro] II,5 & 46 (NPNF, series 2, 10:171 y 181).

[10]Ver arriba, nota 9.

[11] Los orígenes de la palabra “misa” son inciertos.

[12]La referencia puede ser a la obra de Ambrosio, *De sacramentis*, IV.6.28; comp. V.4.25.

[13]Lutero se refiere a la palabra *sacerdos*, utilizada en el Antiguo Testamento para los sacerdotes del templo, pero en el Nuevo sólo para Cristo o, como en 1 Pedro 2:9, para todos los cristianos.

[14]Éstos y otros comentarios respecto de la historia de la liturgia no son exactos.

Miércoles de mañana, Semana Santa 24 de marzo de 1529 La Santa Cena: Recibida por fe en la Palabra

Ya oyeron lo que el Sacramento es y que por la Palabra queda purificado de todos los errores que el diablo le ha disparado. Consecuentemente, saben que no es otra cosa sino un elemento creado con la adición de la palabra de Dios, es decir, pan y vino con la Palabra. Es necesario tomarlo en cuenta, porque en esto reside el poder. Y el diablo ronda, tratando de corromper el Sacramento y esta Palabra en nuestro perjuicio. ¡Lo vemos todo el tiempo! ¡Observen tan sólo al papa y los fanáticos que juegan con el Sacramento! Debido a esto no debemos dejarnos arrastrar hacia un falso sentimiento de seguridad.

Hoy trataremos acerca del uso correcto: Cómo debemos aprovecharlo y cómo acercarnos al Sacramento. En primer lugar, uno debe comportarse con modestia y moderación; después, debe olvidar todo lo demás, pensar solamente en cómo recibir el Sacramento, y no aproximarse a él como los cerdos. Estos fueron los únicos preparativos conocidos en el papado, por los que la gente se preparaba como para una obra. Son cosas buenas. Es bueno que el cuerpo esté sobrio y sano. Pero debe ser un ayuno verdaderamente natural y saludable. El ayuno es una obra de justicia. Pero hemos enseñado que estos ayunos, como los ayunos de los monjes, no son nada. Claro que con esto no hemos descartado este otro tipo de ayuno, por el cual el cuerpo se prepara de lo mejor para recibir el Sacramento. Del mismo modo, hemos rechazado el rezo del rosario, pero no la oración honesta. Hemos purificado esta clase de oración y no la hemos desdeñado. Así como hemos clarificado la oración, así también el ayuno.

La correcta preparación para tener parte en este Sacramento está basada en la fe. Hay dos partes que debes creer. Primero, que el pan y el vino son el cuerpo y la sangre de nuestro Señor Jesucristo. Porque los fanáticos se oponen a rabiar contra esta parte y no quieren dejar que sea el verdadero cuerpo y sangre. Esta fe se basa en las palabras: "Esto es mi cuerpo", "esto es mi sangre". ¡No bromees con esta fe! Ha sido lo mejor del papado, que esta fe ha sido preservada, que no dudaron que el cuerpo y la sangre están presentes. ¡Aférrate a las palabras!

Otros también han ofrecido excelentes parábolas referentes a esto, para despabilar al pueblo simple a fin de que lo entiendan. Estas parábolas me gustan muchísimo, como la del espejo.[1] Si se rompe, se hace mil pedazos. Y por más trozos que haya, en cada uno de ellos se refleja el mismo rostro. Es una parábola para los niños. Así, el cuerpo de Cristo puede estar en muchos pedazos de pan y aun así el cuerpo entero queda. No desprecio estas parábolas; me agradan por causa de la gente sencilla. Pero es muchísimo mejor aferrarse a la Palabra y reflexionar en ella, ya que no puede mentir y resiste la prueba. Si conoces las palabras de Cristo, serás suficientemente fuerte; porque las palabras tienen el poder de disponer el ánimo de una persona.

Digo esto porque el diablo ha sembrado otra vez una simiente nueva. Cuando ve que no puede mantener su error, dice: Si hay personas que no pueden creer que el cuerpo y la sangre de Cristo están presentes, ciertamente no quedarán condenadas sólo porque no pueden creerlo o comprenderlo. De este modo el diablo pretende convertir el Sacramento en algo que no es necesario creer, y dice: La Santa Cena no se trata en el Credo Apostólico, ¡por lo tanto no es necesario creer en ella! ¡Tengan cuidado! No encuentras tampoco los Diez Mandamientos, el Padrenuestro ni el Bautismo en el Credo Apostólico. Esto es lo que el diablo hace para extraviarnos. Pero no debes dejar en el aire que si el Sacramento es verdadero o no. En esto no tienen validez las declaraciones condicionales, sino las incondicionales.

Por lo tanto no debes decir: Si el Sacramento es el cuerpo y la sangre de Cristo, entonces lo creeré; si no lo es, no me voy a calentar la cabeza con ello. Éste es el juego del diablo, el cual juega de tal modo que parece que no estuviera en contra del Sacramento. Es la razón por la que no dice ni sí, ni no. Pero debe decirse un sí o un no. No tolerarías tampoco en tu casa que cada vez que le dijeras al peón de la granja que saque el estiércol, éste replicase: ¡Si el patrón lo ordena, entonces lo haré! Mucho menos tolerarán Dios y Cristo nuestra incertidumbre o duda con respecto a su Palabra y mandato. Por lo tanto, en todos los artículos debes tener total certeza, al punto que estés más seguro de ellos que de tu propio cuerpo, y que digas: Creo ciertamente que el cuerpo y la sangre de Cristo están presentes, así como estoy seguro que Dios vive. Ésta es, pues, una de las partes referidas a la participación en el Sacramento de manera digna.

El papa también ha expresado esto diligentemente en la ley canónica.[2] Se cuenta la historia de un sacerdote que dudaba del Sacramento y no quería creer que el cuerpo y la sangre de Cristo se encontraban en el pan y vino. Pero después de haber sido instruido y que se le enseñara con las palabras de la Escritura, llegó a la fe y confesó: ¡Ahora sé y creo con tanta firmeza que el cuerpo y la sangre de Cristo están presentes en este Sacramento, que lo trituro con los dientes y la lengua! Nada mejor, entonces, que aceptar las palabras y decir: ¡Mi Señor Cristo, que no miente, ha dicho estas palabras!

Si necesitas una parábola, entonces utiliza ésta. Fíjate que cuando el sol se refleja en un gran lago o estanque de agua, naturalmente no debe haber más que una sola imagen del sol en el agua, porque hay solamente un sol. ¿Cómo sucede esto, entonces, que si cientos y cientos de personas se encuentran alrededor del lago, todas tendrán una imagen del sol enfrente de ellas en el lugar donde están paradas y no en otro? Y si caminan alrededor del lago, entonces la figura avanzará con ellas y estará en todos los lugares a donde van. Y si mil ojos miran el agua, entonces cada uno verá la figura delante de sí y no delante de otro. Ahora bien, el sol es algo creado, y podemos decir que de alguna manera está en el lago en todos los lugares. Querido amigo, ¿quién hará que neguemos que Dios puede, –y con mucha mayor facilidad– conocer y hallar un medio por el cual el único cuerpo de Cristo esté presente, de acuerdo a su voluntad, cuándo y dondequiera que lo desee?[3] Pero quiero poner más énfasis en la Palabra, para que no se vean las parábolas sin la Palabra. Ésta es la primera parte del modo en que una persona ha de prepararse, es decir, creer que el verdadero cuerpo y sangre de Cristo están presentes.

Pero, añadido a esto, corresponde una fe más sublime y se la llama, más exactamente, confianza, y se fundamenta en las palabras: "Entregado por ustedes", y "derramada por ustedes para el perdón de pecados". Estas palabras son la promesa. Prometen algo, como cuando un ciudadano le dice a su vecino: ¡Te daré mi campo! Hay una promesa, y en la promesa un regalo. Ahora bien, donde existe una promesa y se ofrece un regalo, debe haber confianza, esto es: El corazón cree que va a suceder. Aquí hay dádivas de Dios que exigen una fe que confía en la promesa.

Hasta los diablos y todos los papistas tienen la primera fe, que el verdadero cuerpo y sangre están presentes como lo declaran las palabras. Ciertamente, esta fe debe estar presente, pero no es suficiente. El diablo cree, sin duda, que Cristo señorea sobre el pecado, la muerte y el infierno. Pero no puede creer estas palabras: "por ustedes"; él se preocupa por ustedes; él les pertenece; él les es entregado. Confiar en esto: Él es mío, verdaderamente mío, Cristo no es solamente *un* Señor, sino *mi* Señor, pues ésta es la única, la verdadera fe cristiana y obra del Espíritu Santo.

Lo mismo en nuestra ciudad, cuando, por lo tanto, un ciudadano dice: El margrave es un señor, el rey de Bohemia es un señor; esto lo creo. Pero no dice mi señor, porque mi señor es el duque de Sajonia.[4] Yo no lo acepto a aquél porque no me encuentro bajo su protección; sólo cuando puedo añadir "mío", puedo aceptarlo. De igual manera, puedo decir: Ésta es la mujer de mi vecino, pero no puedo decir: Mi mujer, como no puedo tampoco decir mi casa, mi dinero, mi sirviente. Por esta razón no puedo confiar en ninguno de ellos. Si se añade "mío", es una fe diferente de la fe sin el "mío". Del mismo modo aquí. Si la fe es meramente "esto es el cuerpo de Cristo", aún no es suficiente. Más bien debe agregarse que él debe ser de ustedes y mío, que en el Sacramento él me entrega a mí su cuerpo y sangre, para que yo me satisfaga. Entonces puedo decir: Yo tendré este cuerpo que me es dado ante el altar, de modo que es mi tesoro. Estas palabras traen el tesoro, y la fe, que se aferra a ellas, lo protege.

Son palabras que resuenan risiblemente en los oídos de los entusiastas,[5] los cuales dicen: ¿Dónde está escrito que la gente debe recibir el consuelo del perdón de pecados en este Sacramento? ¡No veo en ningún lado que Cristo así nos lo ordena o que nos da el perdón de pecados y la salvación de este modo! Estas personas han renegado de la fe y de la Palabra y se han entregado a las obras y son ciegos de ojos abiertos, porque no ven estas palabras. Con tantos libros que he escrito y con mi instrucción impartida con tanto celo, nada he logrado. Cuando Cristo dice: "Entregado por ustedes", ¿no nos indica eso que el cuerpo es entregado por nosotros? ¿Acaso Cristo debía haber agregado, si lo reciben, tendrán el perdón de pecados? Debo aferrarme a estas palabras, las que Dios no pronuncia en vano ni se las dice a las piedras, estatuas, vacas y perros. Llevan consigo una promesa, –realmente son una promesa– y expresan claramente que su cuerpo entregado por nuestros pecados, estará presente. Ciertamente, dicen ellos, esto ha sucedido en la cruz, no en el Sacramento. Respuesta: Yo también sé esto, que Cristo murió y derramó su sangre por nosotros en la cruz. Pero aquí está contenido en las palabras. Si el perdón no se extiende más allá de las tres horas en la cruz, entonces todo se consumió en un día y su sufrimiento no nos sirve de nada.

¿Pero cómo se nos da? Mediante la fe. ¿Cómo consigo la fe? Por medio de las palabras. ¿Qué palabras son éstas? Debes saber que mi cuerpo y sangre han sido entregados por ti. Son palabras que hablan de una obra que tuvo lugar una vez un día. Pero las palabras han salido desde el principio del mundo y hasta el fin del mismo, porque el perdón de pecados se proclama mediante la Palabra que da testimonio de la obra que ocurrió en la cruz. Innumerables muertes de Cristo no nos sirven si la Palabra no proclama su muerte por nosotros.

Nuestros enemigos quedan confundidos con esta obra: Cristo murió en la cruz, no en la Santa Cena. Consecuentemente, el perdón de pecados está en la cruz y no en la Santa Cena. Pero, ¿cómo me lo apropio? Cuando creo, responden. Se atan a esta última obra en la cruz. ¿Pero entonces la fe debe estar únicamente en el lugar donde crucificaron a Cristo? No puede llegar a la fe si no se la predica, como dice San Pablo: "¿Y cómo creerán en aquel de quien no han oído? ¿Y cómo oirán si no hay quien les predique?" (Romanos 10:14). De manera que si Cristo fuera crucificado cien veces en un día y nadie lo proclamase, entonces el perdón de pecados estaría perdido. Por esta razón la obra completada en la cruz debe estar contenida en la Palabra y ser ofrecida al pueblo por medio de la Palabra. Quien quiera ser sordo de un modo tan malicioso, es diablo molesto. A mí me enfada. ¡Pero cuídense ustedes mismos! Nosotros no podemos comprenderlo con nuestra razón.

Estas palabras de Cristo, dichas en ocasión de la Última Cena y que ahora se pronuncian en el altar, son evangelio tanto como si yo dijera desde el púlpito: Les anuncio que Cristo ha muerto por ustedes. Las palabras en el altar son lo mismo: "Tomen, coman, beban, etc." ¿Acaso no es evangelio? ¡Groseramente pasan por alto la Palabra y no quieren oír que la simple Palabra es evangelio! No quieren entender que el evangelio de Cristo está ligado al pan y al vino. Son palabras del evangelio que hablan de cuerpo y sangre y nos ofrecen el cuerpo y la sangre de Cristo. Pero el diablo sabe muy bien qué es lo que está en juego aquí. Por esto es que trata de apartarnos bruscamente de la Palabra. Habiendo logrado esto, ya nadie puede resistírsele. Pero tú debes decir: Estas palabras son la promesa con la que Cristo me ofrece su cuerpo y sangre, entregados por mí. La redención y el perdón de pecados tuvieron lugar en la cruz. Pero debe ser proclamado para que yo pueda oírlo. Jamás tendré esa experiencia por el solo hecho de mirar hacia la cruz. En otro tiempo muchos estuvieron al pie de la cruz, pero no sabían que allí se obtendría el perdón de pecados antes que llegara la voz y los encaminara hacia la cruz. Si quitas de la cruz la palabra "por ustedes", ves a Cristo como un criminal en el patíbulo. Pero las palabras deben enseñarte que él es el Salvador.

Por esto, aférrate a las palabras; porque Satanás está muy consciente de su ocupación, la cual es apartarte de ellas. Si estas palabras permanecen, entonces el Sacramento también permanece puro y Satanás nada puede hacernos. La verdadera fe y la correcta preparación para el Sacramento se fundamentan en que tu corazón se aferre a la Palabra de Cristo. Por tanto debes pensar: Yo también me encuentro en el grupo de aquellos a quienes se les dice esta Palabra. A quienes vienen a Cristo, esta Palabra les ofrece su cuerpo y sangre entregados por ellos, y les proclama que en la cruz el cuerpo de Cristo fue entregado por ellos y la sangre de Cristo derramada por ellos. Basados en esto decimos que en el Sacramento hay perdón de pecados, consuelo y fortaleza para la fe; porque allí se encuentra el evangelio que proclama el perdón de pecados. Por lo tanto, debes afirmarte en estas palabras: "Entregado por ustedes."

Aunque algunos traduzcan el texto "derramada por ustedes" como "vertida por ustedes", sin embargo lo que sigue, "para el perdón de pecados", sigue siendo la verdad. No es una palabra sin importancia, porque aquí se encuentra el tesoro. En el Credo Apostólico ustedes dicen nada más que "Yo creo... el perdón de los pecados", y oyen estas mismas palabras en el Sacramento. Si no hubiese otra palabra fuera de ésta, "perdón de los pecados", sería suficiente. Cuando Dios habla del perdón de los pecados junto con el cuerpo y la sangre que ofrece, debemos confiar en ello.

Dondequiera que Dios promete algo y dice: "Esto haré por ustedes", allí debe estar la fe. Con cada promesa se exige fe. Por esto es que digo que con el Sacramento corresponde una fe como ésta, que el cuerpo y la sangre es tu comida entregada para el perdón de pecados, y que cuando recibes el cuerpo y la sangre, recibes un tesoro y un regalo entregado por tus pecados. Al comerlo, cree entonces que es el cuerpo de Cristo que se te entrega para el perdón de los pecados. No se podría decir con más claridad. El único problema aquí es que nadie mira el texto.

Ahora cuentan con el uso correcto del Sacramento. Se participa en él solamente por la fe, que cree que ambos, el cuerpo y la sangre de Cristo y el perdón de los pecados están presentes. Al recibirlo, debes estar seguro: Recibiste el sello de que Dios perdonará tus pecados.

Este uso es diferente del que había durante el dominio del papa. Antes yo pensaba que al recibir el Sacramento había hecho una obra por la cual sería salvado. Por lo tanto uno hacía del Sacramento un ídolo. No es apremio y ley. Lo que dije de la confesión, apréndanlo también acerca del Sacramento. Se predica de los sacramentos y la confesión para que el pueblo aprenda a conocerlos. Cuando reconozcas tu pecado vendrás voluntariamente y nos obligarás a celebrarlo. Tus pecados ciertamente te presionarán a que nos obligues a hacerlo. Simplemente ten presentes las palabras: "Esto es mi cuerpo, entregado por ustedes", "Ésta es mi sangre, que es derramada por ustedes." Cuando creas verdaderamente estas palabras, vendrás y nos obligarás a dártelo, porque te das cuenta que el Sacramento es un tesoro. Por tanto el papa debe dejar de lado la ley y el apremio para los que reciben el Sacramento.[6] En vez de esto, hace lo contrario. Sin embargo, ustedes deben aprender en qué consiste el Sacramento y qué es lo que Dios ofrece en él, y entonces vendrán voluntariamente.

Se necesita una fe compuesta de dos partes. La primera parte cree que las palabras "esto es mi cuerpo", "ésta es mi sangre", son verdaderas. La segunda parte cree que ambos son entregados por ti, que tienen el perdón de pecados que trae consigo justicia y vida eterna. Una fe dice: Éste es el cuerpo de Cristo. Y la otra: Este cuerpo es mío. ¡No se acerquen sin esta fe! Deben tenerla, o al menos pedirla.

Ahora saben qué es el Sacramento y cómo deben usarlo. La exhortación ya vendrá. La guardaremos para mañana.

Notas

[1]Esta ilustración fue utilizada también en la *Conffesion concerning Christ's Supper* [Confesión concerniente a la Cena de Cristo] de 1528, de Lutero (LW 37:226).

[2]Esta porción de la ley canónica romana (Graciano, *Decretum* Pt. III, *De consecratione*, d. 2, c. 42), fue citada primeramente en oposición a la presencia real por Ulrico Zuinglio en su *Commentary on True and False Religion*, [Comentario acerca de la religión verdadera y falsa], traducido al inglés y editado por S. M. Jackson y C. N. Heller (Filadelfia: Imprenta Heidelberg, 1929; Reimpresión: Durham, NC: Imprenta Labyrinth, 1981), 210. En su *Confession concerning Christ's Supper* [Confesión concerniente a la Cena de Cristo] (LW 37:300s), Lutero defendió esta confesión de Berengar de Tours (c. 998-1088).

[3]Esta ilustración también se utilizó en la *Confession concerning Christ's Supper* [Confesión concerniente a la Cena de Cristo] (LW 37:277).

[4]Wittenberg formaba parte de la Sajonia electoral. El príncipe era el Elector Juan.

[5]En alemán: *Schwärmer.* Por una definición ver arriba, p. 62, nota 3. Por este argumento ver Ulrico Zuinglio, *Commentary on True and False Religion,* [Comentario acerca de la religión verdadera y falsa], p. 228.

[6]Ver arriba, p. 42, nota 9.

Jueves Santo de mañana 25 de marzo de 1529 Exhortación para la participación en la Santa Cena

Hasta ahora han oído ustedes, en cuatro días, cuál sea la comprensión y enseñanza correcta respecto de este venerado Sacramento. Espero que ahora hayan entendido en qué consiste el Sacramento y que por tanto tengan una amplia comprensión del mismo para hacer frente a todos los errores y a los fanáticos. Satanás ha dado alas a todo tipo de fanáticos que andan rondando la Palabra y que con gusto quisieran arrebatárnosla. El Sacramento es pan y vino, pero ligado a la Palabra: "Esto es mi cuerpo", "esto es mi sangre". Esto es lo que se dijo acerca de la enseñanza.

Ahora llegamos a la exhortación.[1] Porque veo perfectamente cuán remisos son ustedes en aprovecharse del Sacramento. Algunos dicen que no debiera acercarse nadie que no tuviera hambre, es decir, nadie debiera ir si no es acicateado por sus pecados. Otros dicen que no lo necesitan. Satanás me ha refrenado con frecuencia a mí también de acercarme al Sacramento.

Ustedes tienen a mano, en dos lugares, un texto muy claro en el que el Señor dice: "Hagan esto en memoria de mí." ¡Tómenlo y guárdenlo celosamente! Ya ven que estas palabras nos ordenan algo y que Cristo impone a quienes quieren ser cristianos a que se acerquen al Sacramento, porque dijo: "Hagan esto." Esto se pide, y yo estoy obligado a hacerlo. El texto ha atormentado incluso a los papistas, de modo que la gente no sabe qué hacer. Seguidamente dijeron que el Señor habló a todo el grupo, de manera que alcanza con que algunos lo hagan. Como si se dijera: Los de Wittenberg deben salir y trabajar en las fortificaciones.[2] ¡Si algunos lo hacen, con eso basta! Por lo tanto, cuando Cristo dice: "Hagan esto en memoria de mí", basta con que lo hagan solamente los que han sido consagrados por el papa a hacerlo. De este modo, continuamente tratamos las palabras como si fuesen nariz de cera[3] y las tergiversamos para amoldarlas a nuestra manera de pensar. ¡Pero dejen que la Palabra sea relevante para aquellos con quienes Cristo habla! Él les habla a sus discípulos y les manda a comer y beber. ¡No le dice a un grupo: "Tomen y coman", y a otro: "hagan esto en memoria de mí!" Ustedes tienen dos motivos para ir al Sacramento. El primero es el texto; el segundo es su necesidad.

Pero, objetan ellos, Cristo dice: "Cada vez que beban de ella." Con esto no me está obligando, sino que lo deja librado a mi criterio. Eso es cierto. Pero el texto no dice que nunca debas hacerlo. Al decir: "cada vez", quiere decir que debe suceder con frecuencia. Queda implícito en esas palabras que uno debe hacerlo frecuentemente, como las palabras claramente indican. Pero él añade la frase "cada vez", porque quiere que este Sacramento sea voluntario. No es como los judíos que tienen que celebrar su Pascua el día catorce del mes de abril o marzo, según sea el caso. Nosotros tenemos la libertad de guardar, o no, la luna llena de marzo o abril.

Pero celebramos la Pascua todos los domingos, incluso todos los días, como si Cristo dijera: Les impongo una Pascua, la cual deben celebrar con frecuencia durante el año, cuándo y donde quieran. No los obligo a hacerlo en tal o cual tiempo o lugar, como las papistas se lo han impuesto al pueblo hasta el día de hoy. Por lo tanto, esta Palabra es un mandato que no les permite abstenerse del Sacramento o de participar en él solamente una vez en seis años. Digo esto no sólo a los legos, sino también al "hermano docto" y a los maestros.[4] Cristo quiere que hagamos haga esto, con la cláusula de que sea voluntario. No especifica que sea en un lugar determinado sino que lo deja librado a tu discreción.

En segundo lugar, Cristo dice: Si lo hacen, háganlo en memoria de mí. La Pascua del Antiguo Testamento ya no se predicará más. En adelante la recordación de los milagros y del éxodo de Egipto no deberán guardarse. En vez de esto, celebrarán lo que yo he hecho, así como en un tiempo les predicaron acerca del éxodo de Egipto.

Ésta es la exhortación principal. Los que no se sientan movidos a hacerlo tampoco tendrán, de ningún modo, la disposición para ello. Incluso si uno no sintiese la necesidad, sería, por cierto, suficiente con que Cristo dice: "Hagan esto en memoria de mí." Yo no los obligo a participar en el Sacramento en Pascua o Pentecostés, pero aun así este texto es tan categórico que no deben despreciar el Sacramento, rehusarse a ansiarlo, o elaborarse una libertad carnal, como si el Sacramento no fuese necesario. Por esto, no queda librado al criterio de ustedes despreciarlo. Pero ciertamente lo desprecian si, estando capacitados para llevar a cabo otras tareas y no demasiado débiles para acercarse al Sacramento, dejan que les obstaculicen la realización de esta obra y la descuidan. Pregúntense si ustedes también son cristianos, si anhelan lo que Cristo ha encomendado a sus discípulos.

Si dejan de participar en el Sacramento, entonces se vuelven fríos y flojos. Yo personalmente he experimentado eso, y ustedes también notarán cómo su amor y su corazón se vuelven fríos y cuál es su relación con Dios. Sin embargo, quienquiera que se acerque debe recordar los mandamientos y palabras de Dios. De esto obtienen otros pensamientos, que les hacen volver al Señor. ¡Pero van siete años y no les importa cuál es su relación con Dios porque no se toman el tiempo de considerar estas cosas! Pero si se acercaran, su corazón sería renovado. El Señor sabe muy bien que somos tan irresponsables y fríos.

Por esta razón el Sacramento está ligado a un mandamiento que dice que debemos participar en él, sin definir tiempos y lugares, pero sí que debemos esforzarnos por una participación frecuente y pensar en el Señor. Porque quiere que pensemos en él y no olvidemos. De otro modo su memoria ciertamente desaparecería muy pronto. Cuando la gente oye la Palabra de Dios en la predicación pública, no se sienten tan estimulados como cuando se acercan al altar; porque allí la palabra del sacerdote se refiere a la propia persona de ellos. Permítanme decirles esto a ustedes, que quieren ser cristianos verdaderos, para que no se comporten negligentemente. Lo que debe motivarnos a ir con frecuencia al Sacramento es el mandamiento de Cristo, que por cierto nos ha librado de estar sujetos a tiempos y lugares, pero no a desligarnos por completo de participar en él.

Pero entonces viene uno con la excusa: La verdad, yo no soy digno de recibirlo. Ésta es también mi tentación. Ustedes oyeron en los sermones de los papistas que debemos ser completamente puros y sin tacha al participar en el Sacramento. El resultado fue que estábamos tan ansiosos y desesperados, que inmediatamente se coló este sentimiento en nuestro corazón: No soy digno. Si el corazón trata de comparar nuestra dignidad con la de Cristo, se manifiestan en esta comparación como inmundicia y oro. Veo mi inmundicia contrastada con la justicia de Cristo. Entonces uno dice: Esperaré hasta mañana o hasta un domingo cualquiera en que sea más merecedor o más digno. Ese domingo espera su ocasión durante uno, dos años: Un domingo lleva a otro; tres meses, a medio año; un año entero, a un segundo año. Esto viene de la vieja naturaleza. Si mi intención es participar sólo cuando soy enteramente puro y mi conciencia no se siente afligida por nada, entonces nunca iré al Sacramento. En toda ocasión en que deba ser completamente justo, vendrá Satanás y arruinará este emprendimiento excelente, de modo que nunca lo lograré.

Discierne aquí a la gente desvergonzada comprometida públicamente en adulterio, usura, opresión, hurto, odio o envidia. A esta gente dura, inculta y salvaje puede decírseles que no participen en el Sacramento. Porque no son dignos de recibir el perdón de pecados, y quieren seguir siendo malos. ¡Échenlos fuera! Esa gente, que vive en desvergüenza y blasfemia pública, es indigna. San Hilario dijo: "A no ser que las personas cometan un pecado que es causa justa para echarlos de la comunidad y considerarlos no cristianos, no debieran dejar de participar en el Sacramento, no sea que queden privados de la vida."[5] No debemos caer en la costumbre de distanciarnos del Sacramento, como ciertamente les sucede a los que no permiten que nada los motive.

De ahí que si tus pecados no son de la clase por los que la iglesia cristiana te aplicaría un castigo público, no debes dejar de participar en el Sacramento ni se te debe impedir la participación. Debes decir: No vengo basado en mi propia dignidad, de otro modo no podría venir nunca. Hasta a un niño no se lo lleva al Bautismo porque sea justo. Del mismo modo, no voy a la Confesión basado en mi integridad. Ahora bien, nadie que no desee obtener la gracia debiera venir a la Confesión, sino todos los que ansían consuelo, y desean la gracia, y quieren llegar a ser justos, vengan al Bautismo, al Sacramento y a la Confesión. Por lo tanto, sólo son indignos quienes, como los corintios [1 Corintios 11:17-34], causan dolor y se desprecian mutuamente.

Yo, también, estoy aprendiendo precisamente ahora, que la participación en el Sacramento no se basa en nuestra dignidad, sino que, por el contrario, me acerco como una persona indigna que no puede ser digna. ¡Dios me guarde de mi dignidad! Ciertamente quisiera ser digno, pero ése es un arte que no logro maestrear. Por eso vengo confiando en tu Palabra, mi Dios, y procuro santidad y justicia de ti. De esta manera se echa fuera la naturaleza orgullosa. Es así que una persona se desprende de sus propias obras y dignidad y se aferra a Dios. Esto es lo que te hace digno. Es difícil de lograr. Es el mismo caso con la oración. Tú piensas: Ciertamente quisiera orar, pero no soy digno. De ahí que, aunque debamos decir: Yo miro lo que tú dices, no lo que yo hago, miramos más y más nuestras manos en vez de mirar la boca de Cristo.

Lo que debe motivarnos en segundo lugar, es la promesa, respecto de la cual han oído toda la semana. La promesa de Cristo, "por ustedes" es más poderosa, incluso, que el mandato. Quienquiera que no se sienta motivado por esto no debe participar en el Sacramento. Si quieres ser cristiano y discípulo de Cristo, ahí tienes su mandato de acercarte, aparte de tu dignidad o indignidad. Luego está la promesa dirigida a mí: "Hagan esto en memoria de mí", y "tomen, coman y beban". Esto es puro consuelo, ofrecido a personas afligidas que desean el perdón de pecados. ¡Toma cuidadosa nota de ambas partes! En primer lugar, estás motivado por el mandato, y segundo, aférrate a esta promesa para poder acercarte. Porque Dios no nos ha servido veneno para que comamos nuestra muerte (si no lo conviertes en veneno tú mismo), sino que es una medicina preciosa y un alimento que te presta ayuda en cuerpo y alma y te ofrece la vida eterna en cuerpo y alma. Por tanto, no es veneno.

Pero, para los que viven vidas depravadas y salvajes, todo es veneno; nada hay sobre la tierra que no se convierta en veneno y daño para ellos. Pero los que desean ser contados dentro del número de los cristianos, deben considerar que el Sacramento no es un veneno sino un remedio y alimento, espiritual y corporalmente.

Porque si al alma le va bien, entonces también el cuerpo está bien. Cuando ustedes reciben el Sacramento lo hacen basados en las palabras del Señor que lo ha ordenado y prometido. Él no quiere darnos algo malo, sino que, por el contrario, nos ofrece el perdón de pecados.

¿No saben qué es el perdón de pecados? Teniendo el perdón de pecados, tienen la gracia y misericordia de Dios y el Espíritu Santo, redención de la muerte frente al diablo, el mundo y la carne. En conclusión: Por medio del mandato "hagan esto en memoria de mí", ustedes son estimulados, y por la promesa del perdón de pecados coaccionados, a participar en el Sacramento, sean dignos o no. Si son indignos, pidan a Dios: ¡Hazme digno!

Por lo demás, no sólo cuentan con la palabra de Dios, su mandato y promesa, sino que también tienen su necesidad cual dogal al cuello. El Señor ve esto y dice: "Vengan a mí todos ustedes que están cansados y agobiados, y yo les daré descanso" (Mateo 11:28). ¿Les hablo a los santos y sabios? Éstos no necesitan la medicina. Pero ciertamente les hablo a ustedes que están cansados y llevan cargas pesadas. Si se sienten apesadumbrados con pecados, temor a la muerte, codicia, tentación de la carne y cosas semejantes, entonces están oprimidos. ¿A dónde irán? ¡Despídanse de aquellos que dicen: Esperaremos hasta que estemos libres y renovados, entonces iremos hacia Ti! En ese caso no me necesitan a mí ni yo a ustedes. Pero en su corazón encontrarán muchas cosas que los afligen. Es algo que Cristo ve. Por esta razón ha instituido el Sacramento, lo ordena, y lo fundamenta en su Palabra, para que ustedes dispongan de medios para hacer frente a tales calamidades.

Pero suponte que dices: ¿Cómo lo haré? ¡No siento hambre ni sed ni cargas, y tú quieres a los que están oprimidos! ¡Por esto esperaré hasta que me sienta así! ¡Pero, cuidado, no vayas a esperar demasiado tiempo! A los que no sienten impedimentos, les aconsejo que se palpen el pecho a ver si también tienen carne y sangre. Después, si lo sienten, busquen en las Epístolas de Pablo a los Romanos (1:29ss) y a los Gálatas y lean cuáles son las obras de la naturaleza pecaminosa: Inmoralidad sexual, impureza y libertinaje; idolatría y brujería; odio, discordia, celos, arrebatos de ira, rivalidades, disensiones, sectarismos y envidia; [homicidios][6], borracheras, orgías, y otras cosas parecidas" (Gálatas 5:19-21).

Pero, tú dices: ¡Nada de esto siento dentro de mí! ¡Entonces mira más cuidadosamente! Si aún estás ciego, cree entonces a la Escritura que conoce tu naturaleza pecaminosa mejor que tú mismo. Cuando Pablo se arriesga a decir de su naturaleza pecaminosa: "Yo sé que en mí, es decir, en mi naturaleza pecaminosa, nada bueno habita" (Romanos 7:18), y tú no lo sientes, tanto más problemático es y señal de que tu naturaleza pecaminosa tiene lepra y está muerta y no siente nada. Si sintieras tu naturaleza pecaminosa como debe ser, hablarías de otro modo. Si no la sientes, cree entonces la palabra de Dios y considera: Soy carne y sangre y ciertamente no hago lo que agrada a Dios. La naturaleza pecaminosa estorba todo lo bueno y todo conocimiento de Dios y Cristo. Si no la sientes, aún te quedan dos razones por qué participar en el Sacramento, justamente como uno que está enfermo pero no quiere admitirlo, que deja entrar al doctor, o no lo deja.

La Escritura es más confiable que lo que tú eres. Dice que en tu naturaleza pecaminosa no hay nada bueno y que la naturaleza pecaminosa lucha contra el Espíritu. Si no sientes la naturaleza pecaminosa en tu pecho sino sólo madera y roca, entonces culpa a San Pablo por mentir.

De la misma manera, siendo que estás en el mundo, no te faltarán tampoco pecados. Si deseas alcanzar la verdad y mantenerla asida fuertemente, inmediatamente tendrás enemigos que te abrumarán, que te serán hostiles y no te dejarán un solo pedazo de pan. Entonces aguarda y ve si no te pondrás furioso y maldecirás. ¡Si no sabes que estás en el mundo, obsérvate entonces a ti mismo viviendo entre tus vecinos! Pero si no te crees a ti mismo, cree entonces la Escritura que dice: "El mundo entero está bajo el control del maligno" (1 Juan 5:19) y "porque nada de lo que hay en el mundo –los malos deseos del cuerpo, la codicia de los ojos y la arrogancia de la vida– proviene del Padre sino del mundo" (1 Juan 2:16). Así como la naturaleza pecaminosa está contra el Espíritu, así también lo está el mundo.

De la misma manera te encuentras tú bajo el dominio del diablo. Todos los apóstoles se encontraban bajo su dominio, principalmente a causa de la naturaleza pecaminosa. El diablo te persigue constantemente para hacerte extraviar, envenenar el aire y quitarte todo. De este modo tiene muchas lanzas apuntándote. Cuando las reconozcas, alégrate de que puedas participar en el Sacramento. Pero, debido a que no te preocupas por él, desdeñas el Sacramento.

En la Confesión, en el Sacramento y en el Bautismo la Palabra está dirigida particularmente a nosotros. La necesidad es evidente. En primer lugar, estás hundido en el pecado. Lo puedes leer en Gálatas (5:19) y Romanos (7:18). Pero tú dices: Yo quisiera participar en el Sacramento, pero resulta que después mi naturaleza pecaminosa no quiere ir. Quiere ir tanteando y sentir, pero no quiere creer. Si no lo sientes, es que estás doblemente enfermo: Tienes una naturaleza pecaminosa, y ésta está leprosa. Dile entonces al sacerdote: Le confieso a usted mi pecado para que no se me meta en el corazón. Por esta razón le pido que me conforte, que ore por mí para que la roca y el leño sean quitados de mi corazón. Pero, cuando finalmente descubres que estás empantanado, más del doble que cualquier otro pecador, no digas: ¡Soy indigno; y por esta razón no participaré en el Sacramento!

¡En verdad que lo necesitas! De otro modo, estarás no sólo hundido en pecado sino en gran peligro, por añadidura. Porque Satanás trata de seducirte constantemente con mentiras a una fe engañosa. Es un mentiroso que "ronda como león rugiente, buscando a quién devorar" (1 Pedro 5:8). Ciertamente me lo hace a mí. Pero si está tan lejos de ti que no te ataca, no es buena señal. En ese caso debes decirte a ti mismo: El mal está doblemente en mí. Otros se quejan de la maldad del diablo, que no los deja permanecer en la Palabra pura y en la fe. Eso yo no lo siento. ¡Por esta razón, pastores, ¡ayúdenme y oren por mí! Yo soy uno de aquellos de quienes habla Cristo cuando dice: "¡Vengan a mí todos ustedes que están cansados y agobiados!" (Mateo 11:28), y estoy doblemente agobiado. Sé que soy pecador y que estoy expuesto al peligro de los ataques del diablo. Por eso creo que el diablo ha causado mi falta de percepción, porque el Señor desea otorgar la gracia mediante el Sacramento, a fin de que sienta mi carga.

Además de esto, tú ves que el diablo es un asesino. No estás seguro ni por una hora como para hacer bromas al respecto. A ti te ahoga en el agua; otro logra llegar a la orilla y se quiebra la nuca. Pero yo no siento su presencia. ¡Ni la sintieron tampoco aquellos que se ahogaron en el Elba![7] Si el diablo rondaba a Pedro, Pablo y Cristo, ciertamente también te rondará a ti. Y es un mal doblemente grande cuando te encuentras en semejante peligro y no te das cuenta de ello. Pero los que tienen conciencia de sus pecados, de los deseos de la naturaleza pecaminosa y de la voraz envidia del corazón, habitan un cuerpo que no está muerto ni leproso sino que aún siente y vive. Éstos deben participar en el Sacramento y decir: Estoy en pecado, en el mundo y bajo el dominio del diablo. ¡Ayúdame Señor! Pero, si no crees esto, escucha entonces a Pedro: "Su enemigo el diablo ronda como león rugiente, buscando a quién devorar" (1 Pedro 5:8). Créele a Pedro; él sintió al diablo y sobrevivió a sus ataques. No ignoren al diablo, porque si no, antes de que se den cuenta, les habrá separado la cabeza del tronco.

Por esta razón, porque Cristo vio todo esto, nos mandó orar e instituyó el Sacramento para que lo celebremos con frecuencia, a fin de estar protegidos contra el diablo, el mundo y la naturaleza pecaminosa. ¡Cuando el diablo ataca, acude tú a la querida Palabra en busca de fortaleza, a fin de que conozcas a Cristo y ansíes el Sacramento! Un soldado cuenta con sus raciones y debe tener alimento y bebida para estar fuerte. Lo mismo en esta circunstancia: Los que quieren ser cristianos no deben dejar que el Sacramento sea barrido por el vendaval, como si no lo necesitaran.

Es, sin embargo, de incalculable necesidad. Tienes tres enemigos que te enfrentan: El mundo, la naturaleza pecaminosa y el diablo. Y no se toman vacaciones. No descansan hasta lograr que engañes a tu vecino. Y tú estás sentado ahí como un leño, completamente ignorante de tus pecados. Pero, dices, yo no lo siento. Presta atención, pues, a lo que dice el Espíritu Santo: "En mi naturaleza pecaminosa, nada bueno habita" (Romanos 7:18). Ahora bien, ¿qué piensas que hay en tu naturaleza pecaminosa, que te hace ser una persona tan insensible? El diablo se mantiene expectante, revoloteando sobre ti; el mundo y la naturaleza pecaminosa no se toman vacaciones. Cien mil pecados y la muerte te rodean; todas las rocas, agua y fuego, todas las horas, están repletas de muerte. Todo bocado que tomas, todo lo que bebes, cada cuerda y escalón son un peligro para tu vida. ¿A quién iremos? ¡A Cristo! Entonces surgirá un pensamiento diferente, de modo que digas: No siento el pecado, el mundo, la muerte, el diablo, y sin embargo me encuentro bajo su dominio. ¡Concédeme la gracia para ser diferente!

En primer lugar se te manda participar en el Sacramento; después está la promesa de consuelo y salvación. ¡No esperes dos largos años! ¡Vence, con la ayuda de Dios, la tentación de esperar un domingo y después otro y otro más! Di, por el contrario: Quienquiera que no sea digno hoy, lo será menos aún mañana.

Notas

[1]Esa exhortación es la base para las de los Catecismos Mayor y Menor. Vea LC, Catecismo Menor, Prefacio, pp. 21-25, y Catecismo Mayor, la Santa Cena, pp. 38-84.

[2]En ese tiempo Wittenberg estaba fuertemente fortificada. Era deber de los ciudadanos contribuir en la reconstrucción de los muros. Dos años más tarde Lutero envió una dura carta al duque Juan quejándose del alguacil del duque en Wittenberg, Juan Metzsch, quien se negó a reparar los muros (LW 50:23-26).

[3]Esta metáfora ilustrativa de una interpretación voluntariosa de la Biblia, era de uso corriente entre los eruditos del tiempo de Lutero.

[4]Expresión de lenguaje estudiantil. Lutero les hablaba a los estudiantes de la Universidad.

[5]Aquí Lutero se refiere a Graciano, *Decretum*, Pt. III, d.2, c. 15, quien atribuye esta cita a Hilario. En realidad proviene de Agustín, *Epistle* 543 [Epístola 543] (NPNF, series 1, 1:300s).

[6]La NRSV [New Revised Standard Version] y la mayoría de las traducciones modernas omiten la palabra "homicidios".

[7]El río que corre junto a Wittenberg.

Jueves Santo de tarde 25 de Marzo de 1529 La Pasión: Ungimiento en Betania, la cena de despedida y el lavamiento de los pies

Nos hemos propuesto predicar acerca de la Pasión de Cristo durante tres días y no, como se hizo en el pasado, durante ocho horas sin interrupción. En vez de esto lo separaremos en cinco horas. Lo hacemos así a fin de que la historia de La Pasión pueda seguir siendo conocida entre los legos. Leeré sencillamente el texto condensado de los cuatro evangelios,[1] porque en lo que resta del año, ustedes oyen sermones los miércoles y sábados, consagrados a los dos evangelistas (Mateo y Juan), en que todos estos textos se interpretan a un ritmo más lento. Por este motivo lo de ahora será un sermón sencillo, en el cual leeremos el texto.

Esta mañana los he exhortado a que, por causa del mandamiento y la promesa de Dios y nuestra necesidad, no menospreciemos el Sacramento. Los exhorto no solamente a ustedes, los mayores, sino también a los jóvenes, a que se mantengan fieles a los 10 Mandamientos, al Credo y a la Oración del Señor. Esto ya es práctica entre nosotros, los de más edad. Ahora es necesario instruir a los niños y que reciten en presencia de los diáconos lo que han aprendido en el hogar. Deben mantenerse fieles al mandamiento de "hagan esto en memoria de mí", a fin de que ellos también participen en el Sacramento y oren con nosotros.

"Se aproximaba la fiesta de los Panes sin levadura, llamada la Pascua" (Lucas 22:1). En el Antiguo Testamento, nadie tenía pan leudado durante este tiempo sino que tenían pan parecido a nuestras obleas de la Santa Cena.

"Entonces los principales sacerdotes, los escribas,[2] y los ancianos del pueblo se reunieron" (Mateo 26:3 RV). Los evangelistas señalan tres clases de fanáticos que atacaron a Cristo. Los primeros eran los fariseos. No había, dentro de la ley, posición de más honor, pero se encontraban mezclados entre los principales sacerdotes y los escribas. Los ancianos eran los consejeros de la ciudad de Jerusalén; ciertamente era algo honroso serlo. En la epístola de Pedro los ancianos son llamados consejeros y regentes. En Jerusalén había una autoridad tripartita: La romana, la municipal y la levítica. Porque además de la romana, tenían su propia autoridad civil, dividida en dos partes: Una autoridad terrenal y otra espiritual. Y los escribas eran, igual que ahora, predicadores que tenían la autoridad de deponer o nombrar al clero. Pero un consejero de Jerusalén tenía, ciertamente, tanta autoridad como la tiene, para nosotros, un príncipe de menor rango. Tenían gran poder y autoridad y gran número de subordinados. Éstos, pues, se reunieron para deliberar cómo aprehender a Jesús, no mediante la fuerza bruta, sino con astucia.

Por lo demás, no lo harían durante la fiesta, porque había llegado a Jerusalén gente procedente de lugares tan distantes como 1100 kilómetros. Habían llegado de todas partes del Imperio Romano, que contaba con tres millones de hombres, sin contar mujeres y niños. No sé si en toda Alemania habrá un número tan grande de personas.[3] Por esta causa dijeron: "¡Tomen en cuenta que toda la gente lo admira! Debemos utilizar la astucia y elegir el momento preciso, a fin de que tengamos éxito con nuestra astucia." A los malvados nunca les falta voluntad de hacer.

"En Betania, mientras estaba él sentado a la mesa en casa de Simón llamado el leproso, llegó una mujer con un frasco de alabastro lleno de un perfume muy costoso, hecho de nardo puro" (Marcos 14:3). El Señor tiene la mente ocupada con pensamientos de muerte tan sólo. "Como ya saben, faltan dos días para la Pascua" (Mateo 26:2), esto quiere decir que "mi vida está expuesta al peligro". Cuando María derramó el perfume, Jesús lo interpretó con relación a su muerte: "Al derramar ella este perfume sobre mi cuerpo, lo hizo a fin de prepararme para la sepultura." (Mateo 26:12). Los cuerpos de las demás personas son ungidos después de muertos, pero yo soy ungido antes de la muerte, estando aún vivo. Esto que María hizo, Jesús lo declara una acción de tremendo valor. En conclusión: El árbol bueno lleva fruto bueno.

El perfume era un líquido, no aceite y ungüento para baños como los que utiliza el barbero, sino un líquido precioso y delicado, como el bálsamo utilizado para ungir reyes o sacerdotes. En esas circunstancias no se derrama sobre ellos un ungüento como los que nosotros utilizamos, sino uno que tuviera un aroma muy exquisito. Era un líquido fino, dulce, que uno puede asperger sobre sí mismo, como agua de rosas, endibia, nardo, alhucema, lavanda, lo que para nosotros es una costosa agua de alhucema o lavanda. Sin embargo había una diferencia. Porque para nosotros nada hay comparable con lo que se encuentra en zonas cálidas. Ellos lo llaman ungüento y podía estar contenido en un envase de vidrio o cerámica. Por lo que relata Juan (12:3), despedía un aroma agradable. Si hubiese sido un bálsamo para baños, habría dañado la cabeza y los vestidos. Estaba valuado en 300 Pfennig, equivalentes a seis Gulden. Esto tuvo lugar al atardecer.

"Entonces entró Satanás en Judas" (Lucas 22:3). Luego se nombra una vez más a los jefes de los sacerdotes y las autoridades. Judas fue donde ellos y les propuso entregarles a Cristo por un precio. No esperó a que lo llamaran o buscasen, sino que fue por iniciativa propia. Había estado preparando el guisado largo tiempo, y ahora estaba todo cocinado. Habría mucho para predicar acerca del tema. Judas aún anda por el mundo, sembrando aflicción.

"¿Dónde quieres que hagamos los preparativos para que comas la Pascua?" (Mateo 26:17). Ya hemos discurrido acerca de este texto. Lucas (22:17, 20) describe minuciosamente que Cristo les dio la copa dos veces. Por ser la última vez, les ofreció una "copa de despedida". Era una copa de vino puro y una "copa de despedida", en señal de que no volvería a beber vino aquí en la tierra. Por tanto, desechó la antigua Pascua y su vida pasada. Estas cosas deben tomarse en cuenta contra los entusiastas,[4] que cuando les ofrece la copa de despedida no dice: "Esto es mi sangre", sino que era una copa de despedida con la que dice: "les digo que no volveré a beber del fruto de la vid hasta que venga el reino de Dios" (Lucas 22:18). Así Cristo da a entender que ésta ha de ser su copa de despedida. Y solamente Lucas lo registra, a fin de que nos demos cuenta que hay dos copas diferentes y que Jesús llama a la primera el "fruto de la vid".

Si la palabra de Cristo es veraz, y ciertamente lo es, entonces la segunda copa no es el "fruto de la vid". Lucas ha incluido muy concienzudamente estas palabras: "No volveré a beber vino." Y no sólo lo llama vino sino el "fruto de la vid", esto es, lo que sea que se hace de la vid. Consecuentemente, la segunda copa debe ser algo diferente del vino madurado en la vid, o sea, la sangre de Cristo. Por esta razón la primera copa debe ser diferenciada firmemente de la segunda. En el reino venidero nosotros también beberemos.

Sigue el lavamiento de pies (Juan 13:1-11).[5] En este relato pueden apreciar que el Señor habla como quien se irá, y les manda de palabra y obra a amarse y servirse mutuamente. Porque la naturaleza del amor es servir. Y por esto él dice: "De este modo todos sabrán que son mis discípulos" (Juan 13:35). Fue su último mandamiento. Es verdad, por tanto, que uno sirve lo que ama, así como Cristo lo hizo. De manera que quien amontona oro se convierte en su sirviente, y un padre que ama sus hijos lo demuestra sirviéndolos sin demora. Por eso Cristo dio en tierra con todos los mandamientos y ha dado el amor solo como mandamiento final: Queridos discípulos, no les daré muchos mandamientos, leyes y libros. El amor solo les enseñará perfectamente qué deben hacer. "Así como yo los he amado, también ustedes deben amarse los unos a los otros" (Juan 13:34). Yo soy el sirviente de ustedes. He aquí "el ejemplo" (Juan 13:15), que les lava los pies. Éste será "el mandamiento nuevo".

Este mismo mandamiento ya estaba en vigencia anteriormente, pero ahora Cristo quiere dejar de lado los demás y ajustarse solamente a éste. Antes de que yo le enseñe a una madre qué debe hacer por su hijo, ella ya lo ha hecho. Su corazón sabe más que lo que todos los libros puedan escribir y predicar. Tal es el amor de madre. Por eso Cristo quiere que nos sirvamos mutuamente.

Esto se lo dijo en particular a sus discípulos y agregó el horrendo caso de Judas, para que se mantenga fresco en la memoria de pastores y predicadores. Porque el caso de Judas debe ser para ellos un ejemplo, a fin de ponerse al nivel de los humildes.

El evangelista dice, en primer lugar: "Así que se levantó de la mesa, se quitó el manto y se ató una toalla a la cintura. Luego echó agua en un recipiente y comenzó a lavarles los pies a sus discípulos"

(Juan 13:4s). Ahí ven la clase de hombre que era. Debe haber sido un compañerismo amoroso y vida tan feliz cual no cabe en la imaginación. Esto lo ha hecho para sentar un ejemplo, según dice: "Ustedes me llaman Maestro y Señor, y dicen bien, porque lo soy. Pues si yo, el Señor y el Maestro, les he lavado los pies, también ustedes deben lavarse los pies los unos a los otros" (Juan 13:13s). Este ejemplo se establece para los cristianos, unido a la enseñanza de amarse y servirse mutuamente. En el futuro debían ser apóstoles y predicadores y personas nobles. Es que el evangelio los hace maestros y su sabiduría debe seguir siendo verdadera para los justos y los creyentes, si bien el mundo se opone. Sin embargo, siendo que nada hay más peligroso que el orgullo en los bienes espirituales, Cristo, con su humildad, ofrece un ejemplo, y en segundo lugar señala el terrible caso de Judas.

¡Aun así, no ha sido de mucha utilidad! Es incompatible que Cristo les lave los pies a sus discípulos y el papa permita que le besen los pies.[6] Ciertamente debemos besarnos los pies mutuamente. No quiero tener nada que ver con gozar del privilegio especial de que otros me besen los pies y no bese yo también los de ellos.

Cristo vio venir lo que sucedería. Bien que veía que los sucesores de los apóstoles serían personas que se dejarían servir con exclusividad y ellos mismos ya no servirían. Ciertamente, esto se nos dice a todos los cristianos, pero máxime a quienes son los sucesores de los apóstoles. Ellos deben servirse los unos a los otros.

Y esto no se relaciona sólo con el lavamiento de pies, aunque me gustaría que se observara la costumbre, particularmente cuando nos visitan los amigos, como aún se la practica en los monasterios e iglesias colegiadas. Pero quisiera que el lavamiento de pies teatral y presuntuoso se proscriba. Porque es orgullo puro y simple. Yo creía que si lo hacía, sería salvo. Si se hubiese hecho apropiadamente, como Cristo lo hizo, no sería como en el monasterio, donde un monje lava solamente los pies de otro monje. ¿Quieres obedecer el ejemplo de Cristo? ¡Lávale los pies, entonces, a un pobre pordiosero que viene a ti, dale comida y un lecho, y sírvele! ¡Por cierto, ésta es nuestra responsabilidad! Es por esto que Satanás hace surgir la hipocresía y pervierte las obras de Cristo. Por esta razón me gustaría que laváramos los pies de los extranjeros, y en particular los de aquellos que vienen de lejos. Pero aunque no hagamos esto, debemos, aún así, servir a otros acorde con este ejemplo.

"Pues si yo, el Señor y el Maestro, les he lavado los pies, también ustedes deben lavarse los pies los unos a los otros", dice el Señor y presenta la siguiente razón: "Ciertamente les aseguro que ningún siervo es más que su amo, y ningún mensajero es más que el que lo envió" (Juan 13:16). Si yo soy el Señor de ustedes y los envío, no deben ser más que yo. Si echo agua en un recipiente y les lavo los pies, no se sientan avergonzados. En conclusión: Dondequiera que hubiere cristianos, deben estar preparados para servirse los unos a los otros.

Éste es el modelo cristiano (el modelo mundano es diferente), que yo considere a mis vecinos cristianos como señores y les sirva en todo. Verdad es, grandes acciones viles ocurren valiéndose de este pretexto.[7] Es por eso que dije que no puedo instituirlo, porque mucha gente impía abusa de nuestro amor. No puede surtir efecto aquí del modo en que ocurrió entre los primeros cristianos. Si uno de ellos llegaba desde otra ciudad, traía consigo una carta de buen testimonio. Si yo o un pastor lo instituyéramos aquí –¡cuántos vagabundos tenemos!– entonces les daríamos comida y bebida y les prepararíamos un lecho. Muchos sinvergüenzas se aprovecharían porque no sabríamos quiénes son justos y quiénes impíos. Debemos conocerlos con anterioridad a fin de poder servirnos los unos a los otros. ¡Fíjense tan sólo en lo que sucedió en los bien intencionados lugares de refugio para viajeros a orillas del Rin! Se los estableció con la mejor de las intenciones, pero los muy malvados bribones se abusaron. A ustedes los posaderos no les preocupa a quiénes albergan. ¿Cómo habremos de hacerlo, entonces, nosotros? Los romanos tenían un reglamento tan exigente que ni siquiera un ratón podía escurrirse sin permiso.

Pero nosotros tenemos un país lleno de pícaros. Nadie presta atención a la clase de visitante que llega a su casa. Por esta razón es que no me animo a instituir esto, aunque lo establecería sólo entre conciudadanos conocidos. No nos gustaría quedar comprometidos con extranjeros desconocidos, porque ya hemos sido harto engañados por gente impía en esta ciudad, quienes con el pretexto de ser cristianos rogaron por ayuda y terminaron abusando de nuestra generosidad.

A esto se debe que Cristo dice: "Los unos a los otros" (Juan 13:14), no a todo el que llega a la ciudad. De otro modo hubiese dicho que uno fuese el sirviente de otro. ¡Vean de qué manera tan amigable nos atrae el Señor a la condición de cristianos a fin de que estemos contentos de ser cristianos!

Para Cristo estaba claro que si uno ha de predicar el evangelio, se le exigirá entonces que arriesgue todos sus bienes, porque el evangelio exige tanto que los cristianos no pueden tener sus vidas aseguradas. Debido a que no es fácil ser cristiano, Cristo dice: No los dejaré sin consuelo. No los abandonaré. A cambio de una casa les daré los hogares de todos los cristianos. Además proveeré todos los cristianos que sean necesarios para servirles. Todos los hogares deben tener las puertas abiertas para recibirnos, y nuestros hermanos y hermanas deben darnos cien vidas por una.

Por lo tanto, si uno guarda este mandamiento, ¿no será placentera nuestra vida? Esto me consta de verdad: Si soy cristiano, soy señor de todos los cristianos y, por otro lado, soy sirviente de aquellos que quieran recibirme.[8] Esto significa recibir cien casas por una, como dice el evangelio: "Y todo el que por mi causa haya dejado casas, hermanos, hermanas, padre, madre, hijos o terrenos, recibirá cien veces más y heredará la vida eterna" (Mateo 19:29). Si soy cristiano, Cristo cuida de mí, y donde hay otros cristianos, éstos no me abandonarán tampoco. Del mismo modo yo tengo que estar dispuesto a servir a cualesquiera, siempre que los conozca.

Era necesario que Cristo dejara un ejemplo a la cristiandad y actuase de esta manera al despedirse del mundo. Es algo que debe alentarnos más que todas las demás palabras. Es muy feo que un sacerdote sea orgulloso. Resulta que el evangelio, que debiera lograr que los corazones sean humildes, ahora los hace orgullosos, de modo que quieren mandar tanto a reyes como a campesinos. Es abusar del evangelio. Cristo lo había previsto. Por eso incluyó el ejemplo del lavamiento de los pies y el terrible caso de Judas. Ese malvado se deja servir y toma todo. Pero Cristo quiso incluso que Judas estuviese presente en su Cena de despedida, para que la gente sepa las cosas terribles que les sucederán. Esos tipos están entre nuestra gente, lo mismo que Judas estuvo entre los apóstoles.

Notas

[1]Lutero utilizó la *Synopsis of the Passion Narrative*, [Sinopsis del relato de la Pasión] de Bugenhagen, publicada por primera vez en Wittenberg en 1524.

[2]La NVI y la mayoría de las traducciones modernas omiten la frase "y los escribas".

[3]Müllhaupt calcula que la población de Alemania por el año 1500 se contaba entre los 13-14 millones de habitantes.

[4]Ulrico Zuinglio argüía en "On the Lord's Supper" [Acerca de la Cena del Señor], [*Zwingli and Bullinger*, trad. al inglés por G. W. Bromiley (Filadelfia: Imprenta Westminster, 1953), 227] que este texto probaba que la copa no era la sangre de Cristo.

[5]Las notas de Rörer señalan que Lutero tomó por modelo la "Passion History" [Historia de la Pasión] de Bugenhagen y que leyó todo el capítulo agregando el texto de Lucas 22 acerca de la disputa entre los discípulos de quién era el mayor; además: "Ahora es glorificado el Hijo del hombre" (Juan 13:31-38), "Y tú, cuando te hayas vuelto a mí, fortalece a tus hermanos" (Lucas 22:32), "Estoy dispuesto a ir contigo tanto a la cárcel como a la muerte." (Lucas 22:33-34), "Cuando los envié a ustedes sin monedero" (Lucas 22:35-38), y "No se angustien" (Juan 14:1-27).

[6]Esta acción de pleitesía se practicaba en la iglesia en tiempos de Lutero.

[7]En lo que sigue Lutero reflexiona acerca del problema de distinguir a los mendigos profesionales, religiosos, de los verdaderamente necesitados.

[8]Esta introspección, de máxima importancia en la comprensión de Lutero de la libertad cristiana, también se refiere en *The Freedom of a Christian* [La libertad del cristiano] (LW 31:344).

Viernes Santo de mañana
26 de marzo de 1529
La Pasión: Getsemaní

Ayer oyeron ustedes respecto de la Santa Cena y del lavamiento de los pies por el Señor. Hoy oiremos acerca de su Pasión. Y para que podamos considerarlo de manera digna, comenzaremos, como prefacio, con una exhortación.

En la Pasión de Cristo toda la sabiduría y lo que es pertinente, han sido escritos para nuestra enseñanza. Antes de ahora no se trataban estas cosas cuando se predicaba respecto a la Pasión. En vez de eso, trataban de lograr que las ancianas derramasen lágrimas y hasta puntualizaban la perversidad de los judíos. Pero ése no es el punto central. Deben considerarse más bien las profecías de los santos profetas, particularmente las de Isaías, de que la Pasión de Cristo es un castigo por nuestros pecados. Y es esto lo que hay que considerar y señalar con énfasis una y otra vez.

Porque ustedes han oído que todos los hombres sienten la inclinación a confiar en sus propias obras y hacerse justos. El mundo está tan profundamente empantanado en esto, que persigue el evangelio. Entonces, los que sufren mucho creen que merecen mucho por causa de eso. De aquí surgieron las órdenes monásticas. Muchos son los que han enseñado respecto al sufrimiento y la paciencia, de modo de proclamarlos como la conducta honorable por la que se llega a ser justo. En esto han tergiversado la palabra que dice: "La vara de la disciplina imparte sabiduría" [Pr 29:15] y logra hijos justos. Uno queda fácilmente enmarañado en esa forma de pensar, la cual está profundamente enraizada en el corazón humano. Si el pecado queda abolido por la autoflagelación, entonces uno acude con prisa a Santiago y otro se viste de monje. Finalmente se llegó a esto, ¡de que los sacerdotes enseñaban a los ladrones y criminales a confiar en su propia muerte! En la cristiandad se debería haber predicado que tal cosa no es verdad. En cambio, se predicaba lo opuesto. Ciertamente, la gente predicaba muchísimo respecto del sufrimiento de Cristo, pero se exaltaban en sus propios sufrimientos.

Por tanto, diferencien entre el sufrimiento de Cristo y nuestro propio sufrimiento, así como es necesario distinguir entre la obra de Cristo y nuestras obras, entre aquellas por las que debemos ayudar a nuestro prójimo y aquello por lo que llegamos a ser justos. Nuestras obras deben permanecer en la tierra. Llegamos a ser justos solamente por la fe. Esto da por tierra con todos los monasterios, que han transferido a las obras lo que pertenece sólo a la fe. Del mismo modo, distingan entre el sufrimiento de Cristo y nuestro sufrimiento. Que sea tan grande como quieran, ya sea el sufrimiento de un ladrón o de alguien enfermo de plaga, pongan todo el sufrimiento humano en un solo montón y digan: Todo este sufrimiento no puede expiar los pecados de un solo día. Se dice fácilmente. Pero nada se ha predicado con más insistencia que el sufrimiento y la paciencia. Dijeron: Si soportas el sufrimiento, entonces eres paciente y obtendrás el perdón de pecados. Sin embargo, no se han dado cuenta que éstas son todas obras nuestras.

De modo que debe darse una respuesta a afirmaciones tales como: "La vara de la disciplina produce hijos justos" y: "quienquiera que es torturado debe quedar convertido en hombre recto". En realidad, estas afirmaciones tienen valor en la vida doméstica y en la ciudad, aquí en la tierra, física y externamente, como cuando se le impone un correctivo a un hijo. Por lo tanto, ¡den por tierra con todos estos dichos y no los presenten ante Dios como si pudiesen hacerlo a uno justo! Por este motivo todos los monjes provistos de capuchas preguntan: ¿No debería yo quedar a más altura que un hijo disciplinado o un siervo de la casa? ¡Si el castigo y el sufrimiento pudiesen hacerlo a uno justo, entonces el diablo y el malvado más perverso hace tiempo que habrían sido justos! Pero, replican: ¿Qué si esas personas sufren y además lo hacen gozosas por causa de Dios? Es por esto que les agradó predicar que nuestro sufrimiento es una necesidad. Nadie se da cuenta de cuán profundamente enraizado en nuestra naturaleza se encuentra el querer exaltar nuestro propio sufrimiento. Y en conformidad, los predicadores ponzoñosos lo recalcaban.

Después, cuando oyen que el sufrimiento de nada sirve, ya no quieren seguir sufriendo ni hacer nada en absoluto. Pero debemos realizar buenas obras y sufrir, no porque por medio de estos actos aboliremos nuestros pecados ante Dios, sino porque nuestra naturaleza pecadora no desea ser justa, y de este modo debe ser mortificada. Uno debe ponerse al cuello un collar y traílla para no ser demasiado lujurioso. Si los monjes escucharan esto y lo creyeran, dirían: "¿Qué estoy haciendo todavía aquí en el monasterio?" La Escritura pone la justicia externa a nivel del suelo. No elimina el pecado, pero sirve de guía para una vida casta y honorable. Todo nuestro sufrimiento no alcanza para abolir un solo pecado que pueda ser perdonado. ¡Ten cuidado cuando leas respecto de los ejemplos de los santos y oigas predicar acerca de su paciencia, de no dejar que tú seas seducido y mezcles tus sufrimientos y los de Cristo en uno! Tu sufrimiento es un sufrimiento terrenal y una acción para mortificar tu carne. El sufrimiento de Cristo es un sufrimiento celestial y una obra que te hace justo.

Por lo tanto, quienquiera que se haga monje, vista una capucha y se torture, condena el sufrimiento de Cristo y se queda sin nada, porque trata de obtener, mediante su propio sufrimiento, lo que se logra para nosotros tan sólo por medio del sufrimiento de Cristo. No está escrito que tú debas cargar con tus pecados, sino: "¡Aquí tienen al Cordero de Dios, que quita el pecado del mundo!"(Juan 1:29), y: "ciertamente él cargó con nuestras enfermedades y soportó nuestros dolores" (Isaías 53:4).

Por cierto este error está tan arraigado en nosotros que es necesaria una severa exhortación. Nuestro sufrimiento tiene una gran apariencia y recibe más alabanza que el sufrimiento de Cristo. Pero dí: ¡Sufrimiento por aquí! ¡Sufrimiento por allá! Pero está escrito: "¡Aquí tienen al Cordero de Dios!" Ahí está el pecado del mundo. ¡Si es una cuestión de eliminar pecados y pagar por ellos, desecha tu sufrimiento! Por lo tanto, todo slogan respecto de nuestro sufrimiento debe tener como meta no ser perjudicial para el sufrimiento de Cristo, del cual la Escritura dice: "¡Aquí tienen al Cordero de Dios, que quita el pecado del mundo!" (Juan 1:29), y: "sobre él recayó el castigo, precio de nuestra paz, y gracias a sus heridas fuimos sanados… el SEÑOR hizo recaer sobre él la iniquidad de todos nosotros" (Isaías 53:5, 6).

Por esta razón la Pasión de Cristo debe ser predicada, en consecuencia, para que toda persona la considere verdadera para sí misma. Si miras a Cristo con sus heridas clavado en la cruz, reflexiona: ¡Éstos son mis pecados!, ¡y no pienses en tu sufrimiento!

¿Pero, no es una tremenda pena que en todo el mundo se pasen el tiempo hablando y hablando acerca de Cristo sin parar durante horas y horas y, consecuentemente, tienen en la boca las palabras respecto de las que nosotros predicamos y sin embargo nadie predica, entiende o presta atención a lo que las palabras significan? De otro modo no se opondrían a nosotros, y no nos perseguirían. Por cierto que cantan, escriben y predican estas palabras, y las ejecutan en el órgano, pero nadie las entiende. Porque su opinión es la siguiente: Cristo ha hecho su parte, y ahora es necesario que nosotros hagamos también la nuestra. Así se quita el poder del sufrimiento de Cristo y se lo pasa a nuestro sufrimiento. Esto es obra del diablo.

Sin embargo, nadie quiere creer lo peligroso que es proclamar nuestro sufrimiento con la añadida suposición de que elimina el pecado. Por el contrario, es en gran medida lo más grandioso predicar el sufrimiento de Cristo de manera tal que podamos confiar en él. Esta gente impía ha escrito sus libros acerca de la Pasión,[1] y ha afirmado: Quienquiera que medite acerca de la Pasión de manera superficial, se gana el perdón de pecados. ¡Así han convertido mi contemplación en una obra y se imaginan que con eso basta! Por causa de esto, aprende a conciencia la Pasión y aprende a diferenciar correctamente entre el sufrimiento de Cristo y nuestro sufrimiento y paciencia.

Ciertamente, San Pablo dice: "Ahora me alegro en medio de mis sufrimientos por ustedes, y voy completando en mí mismo lo que falta de las aflicciones de Cristo, en favor de su cuerpo, que es la iglesia" (Col 1:24). Tu sufrimiento sirve para mejorar las cosas aquí en la tierra y para diseminar el evangelio a más y mejor. Pero toma el sufrimiento de Cristo y carga sobre él todos tus pecados. Es por esto que el sufrimiento de Cristo fue predicado desde el principio del mundo, y los queridos patriarcas han insistido, ya desde el comienzo del mundo, que el sufrimiento que nos redime del pecado no puede ser atribuido a nadie sino a este hombre. Así que dices: Con gusto sufriré y seré paciente, pero con esto no eliminaré ni un solo pecado que pueda ser perdonado. Antes bien está escrito que el sufrimiento de Cristo quita el pecado. Solamente el sufrimiento de Cristo engulle verdaderamente el pecado y la muerte. Debes darle el honor a él. La fe no se aferra a nuestro sufrimiento. Si lo hiciera, sería idolatría. Debes asir el sufrimiento de Cristo sólo por la fe.

En conclusión: No mezcles tu sufrimiento con el sufrimiento de Cristo, sino sepáralos uno del otro como están separados el cielo de la tierra, o el oro del estiércol. Si nuestros opositores lo vieran así, no serían nuestros enemigos. Durante todo el año no se lo tortura tanto a Cristo como en este tiempo de Cuaresma, en que es escupido y blasfemado vergonzosamente, tal como lo fuera estando en la cruz. Esta enseñanza debe repetirse a machamartillo. Es que al diablo le duele terriblemente, y la naturaleza pecaminosa constantemente quiere que pongamos nuestra confianza en el sufrimiento. Sea dicho esto como advertencia. Que este texto y el de Isaías [53:4] te den esta certeza: "¡Aquí tienen al Cordero de Dios, que quita el pecado del mundo!" (Juan 1:29).

"Después de cantar los salmos" (Marcos 14:26). Ahí tenemos como ejemplo a los discípulos, ya que ellos, también, confiaron en sus obras y estaban enojados con Cristo. Debido a que Cristo se sentía débil, ellos creen que deben ayudar y apoyar a su debilitado Señor, y fácilmente se enojan con él. Esta arrogancia queda implantada en nosotros todos por naturaleza. Pedro quiere morir con él; otro de ellos quiere que lo arresten junto con él. Es decir, quisiéramos que lo que hacemos tuviese algún valor. Pero éste es el más grande artículo de fe, creer que nadie debe ni puede quitar nuestros pecados sino sólo Cristo. Por el otro lado, nuestra naturaleza humana dice: ¡Si has pecado, entonces haz penitencia, haz esto y haz aquello! Y con todo, no debería ser así; no debiéramos conocer otra penitencia que el sufrimiento de Cristo. Ciertamente no llegamos a comprender esto vistiendo capucha de monje, sino por medio de esta palabra solamente: "¡Aquí tienen al Cordero de Dios, que quita el pecado del mundo!" (Juan 1:29).

De esta manera tropezaron los discípulos. Lo cual refleja el hecho de que en el mundo no puede haber otra cosa sino negaciones y ningún otro sermón sino éste, que Cristo sea repudiado. Porque, predicar que nos purificamos por nuestras propias obras, es negar a Cristo. Claro que gustosamente entregaríamos nuestros propios cuerpos por nosotros. Pero en lugar de esto debemos permanecer en el cuerpo de Cristo entregado por nosotros.

"Getsemaní" [Marcos 14:32]. Cristo exhorta a sus discípulos y a nosotros todos a orar para que no caigamos en tentación. En verdad, yo les he dicho esto a ustedes con frecuencia y continúo diciéndolo: Den gracias por haber recibido el evangelio y cuiden de aferrarse al mismo. Pueden apreciar el terrible ejemplo. Los entusiastas, que sólo alaban al Espíritu, han desistido de esto. En la boca no tienen otra cosa sino este sermón de Cristo, pero no lo entienden. Antes bien, cada uno sale en defensa de sus propias obras. Los anabaptistas venden sus bienes y se pasean con vestiduras toscas. Pero quienquiera que desee ser cristiano no puede dejar de ver que no hace falta que actuemos de este modo. ¡Que todos se queden con su propia vestimenta! ¡Miradas torvas y ropas toscas no lo hacen a uno cristiano! Esas personas han desertado del evangelio porque no han orado.

Cristo dice: "Oren" (Lucas 22:40). Satanás no descansa sino que anda rondando a fin de dispersarlos, con la intención de "zarandearlos a ustedes como si fueran trigo" (Lucas 22:31). Cuando uno zarandea, la zaranda gira para que ningún grano quede sin mover. Esto es lo que el diablo hace con los cristianos, para que pierdan el evangelio y no sepan qué creer, como le sucedió a Pedro. Sigamos el ejemplo de los apóstoles y seamos diligentes en la oración. Estoy preocupado con que después de nosotros vengan predicadores insolentes que los vayan a atormentar incluso más que nosotros. Ahora ya nos persiguen por predicar a Cristo.

"Vigilen y oren para que no caigan en tentación. El espíritu está dispuesto, pero el cuerpo es débil" (Marcos 14:38). Los queridos discípulos están tristes porque el Maestro quiere irse, y ellos no quieren estar separados de él. Esta tristeza trae como resultado el cansancio, y que mientras oran, se duerman. Por esto, Jesús dice: "Vigilen y oren, porque el espíritu está dispuesto, pero el cuerpo es débil." Hay desacuerdo respecto de si esto se dice de Cristo o de los apóstoles.[2] Yo creo que lo dice de ambos. Nuestra naturaleza es pecaminosa. Ésta es la manera acostumbrada de hablar de Cristo (comp. Mt 16:17; Jn 3:6, 6:63). Incluso San Pablo dice: "Porque ésta [la naturaleza pecaminosa] desea lo que es contrario al Espíritu" (Gá 5:17). Yo quisiera ser justo, pero la naturaleza pecaminosa se opone.

"Padre mío, si es posible, no me hagas beber este trago amargo" (Mateo 26:39). Esta debilidad del cuerpo de Cristo se registra aquí como un ejemplo para nosotros, que nos fortalezca cuando también somos presa de la debilidad, a fin de no desesperar ni despreciar a otros que son débiles. Cristo se ha hecho débil por causa de nosotros. Nuestros pecados, no los de él, ciñen su cuello. Si descansan sobre nuestra conciencia, están en el lugar equivocado; deben estar en la naturaleza pecaminosa, pero no sobre la conciencia. Quiere decir que debemos disciplinar la naturaleza pecaminosa y refrenarla. Pero en la conciencia uno debe ser libre y no sentirse molesto en cuanto a los pecados ni preocuparse por desembarazarse de ellos. Aunque Cristo está debilitado en lo que hace al cuerpo, su espíritu sin embargo es vigoroso y destruirá el pecado. Si ves que Cristo sufre, tú grita y laméntate, y luego considera: Es tu pecado. Pero esto es, en gran medida, lo más difícil de todo; no encaja con nuestras expectativas. ¿Puede acaso la razón creerlo?

"Así que Judas llegó al huerto, a la cabeza de un destacamento de soldados y guardias de los jefes de los sacerdotes y de los fariseos…" (Juan 18:3ss). Ahí puedes ver que Jesús debe experimentar el sufrimiento de manos de su propio discípulo, quien lo traiciona con un beso. Con esta acción Judas les hace una señal como si dijera: En el huerto estará oscuro, y si nos oyen llegar, uno saldrá corriendo por este lado, y otro por aquél. ¡A fin de no aprehender un discípulo, obsérvenme a mí! Y por lo tanto se cuida de que Cristo no pueda escapar, olvidándose por completo de sus milagros. Por esto dice: ¡Obsérvenme a mí y acerquen una antorcha!

Considerando esta narración, comprendemos qué le sucede a Cristo y al evangelio en este mundo. He aquí el sufrimiento más grande de Cristo, que sus discípulos son dispersados y Judas lo traiciona. Y se lamenta como dice en el Salmo: "Hasta mi mejor amigo, en quien yo confiaba y que compartía el pan conmigo, me ha puesto la zancadilla" (Salmo 41:9). Ahora aún no se evidencia que le hace daño a Cristo, pero en nuestra experiencia lo sentimos. Los que nos acompañan en el evangelio son los que nos traicionan. Porque si Müntzer y otros diablos no hubiesen cometido errores en relación con la rebelión y el Sacramento, el papado sería débil cual una mosca.[3]

Parece que Judas besó al Señor como un verdadero villano. Porque seguramente pensó: Si llego y le doy un beso, no pensará que estoy por traicionarlo sino que lo tomará como un gesto de amistad. Entonces se acercarán sigilosamente y lo tomarán prisionero. Es una grande y diabólica maldad, que traiciona al Señor con un beso y así y todo no quiere ser llamado traidor, porque se vale de un gesto de amistad. Y el Señor lo recibe como amigo: ¡Tú eres mi amigo, si tan sólo quisieras serlo! Comprendan que era la costumbre de aquel país que los que se saludaban lo hacían con un beso. Ésa era la costumbre del lugar, y Jesús saluda también así a sus discípulos. Eran personas que valoraban mucho la cortesía. Pero, cuánto más delicado el gesto, tanto más ponzoñosas las personas.

Ésta es una parte de la historia de la Pasión. El sufrimiento del Señor comienza en el huerto. Debido a que nuestro pecado tuvo su comienzo en el huerto, la Pasión también comienza en el huerto.[4]

"Y lo llevaron primeramente a Anás, que era suegro de Caifás" (Juan 18:13). Caifás había tomado en matrimonio a la hija de Anás. Habían querido adular al anciano sumo sacerdote, de modo que le entregaron a él, como el superior, al malhechor que habían hecho prisionero. Entonces Anás fue corriendo a la casa de Caifás, y allí se reunieron todos los sacerdotes. Fue también allí donde Pedro negó al Señor tres veces. Si Cristo no hubiera orado por él, su fe habría tenido un triste fin y Pedro hubiese desesperado.

Tomen nota cuidadosamente de los azotes y heridas de Cristo, porque éstos son nuestros pecados. E inscripto en ligaduras, cadenas y golpes, lean: ¡Mis pecados, sí, mis pecados!, para que estemos preservados de vanagloriarnos de nuestro propio sufrimiento, como cuando uno se jacta de que la humildad y la paciencia son las virtudes más nobles, como si éstas lograsen el perdón de pecados. Pero el perdón de pecados está escrito en su totalidad en el sufrimiento, la paciencia y humildad de este hombre. ¡Aprendámoslo a conciencia! Porque la naturaleza humana opina de modo diferente, y lo que el papa y los padres alaban y predican, enseña otra cosa.

Notas

[1]Los libros de la Pasión eran libros ilustrados con escenas del sufrimiento de Cristo. Alberto Durero sólo produjo cuatro de esos libros. Ver *Alberto Durero, 1471-1528: Das gesamte graphische Werk*, (toda su obra gráfica) con introducción de Wolfgang Hütt, 2 vols. (Herrsching, Alemania: Manfred Pawlak, 1982), 2: 1483-87, 1522-47, 1590-1629, 1848-63.

[2]Al parecer Lutero se refiere a un debate entre varios intérpretes de este texto, aunque no se registra ninguna discusión en el comentario de Nicolás de Lyra o en la *Glosa Ordinaria.*

[3]Lutero opinaba que la Guerra de los Campesinos y la controversia respecto de la Santa Cena había impedido la diseminación del evangelio y protegido de este modo al papado. Ver Mark U. Edwards, *Luther and the False Brethren (Lutero y los falsos hermanos)* (Stanford: Prensa de la universidad de Stanford, 75).

[4]Esta relación se practicó durante toda la Edad Media, por ejemplo en la *Glosa Ordinaria* acerca de Juan 18:1.

Viernes Santo de tarde 26 de marzo de 1529 La Pasión: Juicio y crucifixión

Este texto es muy rico en contenido, pero el tiempo de que disponemos es breve. A causa de esto, lo trataremos sencillamente para los niños y contaremos la historia.

Pedro salió al exterior y lloró amargamente porque había traicionado al Señor. Sin embargo, los jefes de los sacerdotes y los ancianos buscaban alguna prueba falsa contra el Señor para condenarlo a muerte, pero no la encontraron. El texto dice: "Buscaban alguna prueba falsa" (Mateo 26:59). Pero no pudieron encontrar un testimonio uniforme. Cuesta cien veces más establecer una mentira que decir la verdad. Ahí están los todopoderosos y omniscientes señores, y son incapaces de encontrar pruebas falsas. De modo que vemos cuán inerme es la mentira frente a la verdad, que Satanás con todas sus huestes no puede presentar un solo pretexto, ni siquiera del espesor de un cabello, que tenga la apariencia de pretexto. En esto Satanás es resistido admirablemente. Ciertamente se presentaron muchos falsos testigos, de los cuales uno lo había oído de esta manera, otro de otra.

"Por fin se presentaron dos" (Mateo 26:60). Pero incluso éstos no estaban de acuerdo. Uno decía una cosa, otro algo diferente. Uno de ellos manifestó: "Este hombre dijo: 'Puedo destruir el templo de Dios y reconstruirlo en tres días'" (Mateo 26:61). ¡Pero Jesús no había dicho que con sus manos! El otro expresó: "Él dijo: 'Destruyan este templo, y lo levantaré de nuevo en tres días'" (Juan 2:19). Ahora bien, debido a que los testigos no se corroboraron mutuamente, que es lo que todos querían, los jefes de los sacerdotes dijeron a Jesús: "¿No vas a responder? ¿Qué significan estas denuncias en tu contra?" (Mateo 26:62). Una mentira descarada no merece una respuesta, sino que ya tiene su propia respuesta. Por esto el Señor se queda callado. Él sabe cabalmente que ellos mismos se dan cuenta de que sus cargos carecen de valor.

Entonces el sumo sacerdote dijo: "Te ordeno en el nombre del Dios viviente que nos digas, ¿eres el Cristo, el Hijo del Bendito?" (Mateo 26:63; Marcos 14:61). Los impíos le asignan al Señor títulos de sobra. Incluso aún hoy los judíos hacen esto. Cuando quieren indicar algo de la Escritura, no dicen: "Así dice Dios o Cristo", sino algo mucho más elevado y sagrado: "¡Esto es lo que el Único Santo y sumamente Alabado dice!" Lo hacen para que uno piense que lo honran más que cualquiera en la tierra. Por eso hasta los hipócritas entre nosotros dicen: "Jesús nuestro Salvador." Cuando los turcos entran en combate, todos gritan: "¡Dios, Dios, Dios!" Es debido a esto que todos los traidores y malhechores desesperados aparentan ser más santos que otros, aunque en realidad son los más desalmados. Es lo que Caifás también hizo en esta circunstancia.

Jesús responde: "Tú lo has dicho. Pero yo les digo a todos: De ahora en adelante verán ustedes al Hijo del hombre sentado a la derecha del Todopoderoso, y viniendo en las nubes del cielo" (Mateo 26:64). Entonces se sintieron seguros en su posición, ya que él mismo se llama Hijo de Dios y dice que estará sentado a la diestra del poder y que vendrá nuevamente. Con esto lo tienen atrapado con toda seguridad; ha blasfemado a Dios y merece la muerte. A causa de esto todos los demás sacerdotes dijeron: "Merece la muerte" (Mateo 26:66).

"Entonces algunos le escupieron en el rostro y le dieron puñetazos. Otros lo abofeteaban y decían: 'A ver, Cristo, ¡adivina quién te pegó!'" (Mateo 26:67s). Muchos han escrito en la literatura referida a la Pasión,[1] que en esa noche Cristo tuvo que soportar mucha deshonra e ignominia, la cual no será revelada sino en el Juicio Final. Paso esto por alto. No desdeño esas lecturas. Pero me gustaría que alguien llegara a las conclusiones a las que es necesario llegar. Créanme que todo sucedió en presencia de los jefes de los sacerdotes. Los siervos vieron que sus amos lo condenaron como el mayor de los malhechores, porque había dicho: "Ustedes verán al Hijo del hombre sentado a la derecha del Todopoderoso, y viniendo en las nubes del cielo" (Mateo 26:64). La razón reaccionó inmediatamente: "¡Cuánta ignominia! ¿Debe tolerarse a este malhechor?" A causa de esto los siervos se acercaron y quisieron adular a sus amos con sarcasmos: Uno lo tironeó del pelo y otro le escupió. Así sucede incluso hoy con el evangelio.

"Muy de mañana, todos los jefes de los sacerdotes y los ancianos del pueblo tomaron la decisión de condenar a muerte a Jesús" (Mateo 27:1). No es seguro si fue interrogado dos veces o sólo una.[2] Algunos dicen que fue interrogado la primera vez durante la noche en la casa de Caifás; la segunda vez en la mañana, cuando los demás jefes de los sacerdotes llegaron y le preguntaron nuevamente a Cristo si confesaba que era el Cristo. Que haya sucedido una o dos veces, acerca de esto no argumento. Pero lo que más me preocupa es que consideremos el sufrimiento del Señor como lo que fue, que sufrió por nosotros. Se predica poco acerca de esto y se piensa en ello aún menos. Los puñetazos, los escupitajos, la deshonra: Éstos son todos nuestros pecados, y todo cristiano debe considerar que estas acciones llevan escrito: ¡Mi pecado! Porque en este día debe predicarse que nuestros pecados pesan sobre la cerviz de nuestro Señor, para que sepamos donde está nuestro pecado y donde debe estar.

Ahora bien, después que hubieron interrogado al Señor y establecido el cargo: "¡Ha blasfemado!" (Mateo 26:65), imaginaron que con toda certeza tenían las pruebas para su muerte. Y no consideraron que sería innecesario llevar el caso ante Pilato. Delante de Pilato se expresaron de otra forma, o sea así: "Si dejas en libertad a este hombre, no eres amigo del emperador" (Juan 19:12).

"Cuando Judas, –el que lo había traicionado– vio que habían condenado a Jesús, sintió remordimiento y devolvió las treinta monedas de plata a los jefes de los sacerdotes y a los ancianos. He pecado, –les dijo– porque he entregado sangre inocente. ¿Y eso a nosotros qué nos importa? –respondieron–. ¡Allá tú!" (Mateo 27:3-4). Cual el penitente, tal el confesor. Judas ciertamente confesó sus pecados, pero a quien no tenía autoridad de absolverlo. Porque fue a los que habían cometido un pecado aún más grave. Judas se habría salvado si hubiese tenido un verdadero confesor, uno evangélico.

¿Por qué no consideró antes, en el momento en que besó al Señor, que estaba entregando sangre inocente? Al llegar su última hora y el remordimiento y no haber a mano un predicador o confesor, entonces ya es tarde. Todos los de corazón endurecido debieran tomar a pecho este ejemplo, para que vean cómo recompensa el diablo a sus servidores. ¡Judas traicionó al Señor por treinta monedas de plata! Tan pronto como le prestó el servicio al diablo, éste le dio la recompensa. Judas es un ejemplo y una figura de todos cuantos sirven al diablo. El diablo hizo que desesperara, de modo que arrojó lejos de sí el dinero y se ahorcó ignominiosamente delante de todos los judíos.

Ellos le dijeron: "¿Y eso a nosotros qué nos importa? ¡Allá tú!" (Mateo 27:4). A esta altura de los acontecimientos nadie dijo: No has hecho nada malo, sino que has prestado un servicio a los jefes de los sacerdotes y obedecido a las autoridades. En vez de esto, replican: "¿Y eso a nosotros qué nos importa?" La Escritura dice de aquellos que quedan solos y no tienen quien los conforte: "¡Ay del que cae y no tiene quien lo levante!" (Eclesiastés 4:10). Un monje es una de esas personas que viven solas, separadas de la gente. Un monasterio es en realidad la taberna del diablo. Porque Dios no ha creado a las personas para que estén solas, sino que ha determinado que uno sirva a los demás. Judas también era un monje: Si alguien hubiese estado a su lado, no habría desesperado. Por esto es que alguien dijo: "La persona que desea estar sola es Dios o bestia, ángel o demonio." Porque el ser humano es, como lo expresaron los filósofos, una criatura social que debe servir a los demás y amarlos.[3]

Siendo así, entonces esa criatura necesita compañía. Para contrarrestarlo, el diablo ha hecho de la vida en soledad algo muy sublime con este dicho: "Tú, que de los demás quieres vivir separado, tendrás siempre el corazón más puro y consagrado." Creo que se mantienen puros cuando están fuera del monasterio, aunque ocasionalmente se embarren; pero dentro, uno se hace putañero. Judas es el padre de los monjes. Se ahorcó, se reventó, y se le salieron las vísceras. El diablo hizo con él lo que quiso.

"Los jefes de los sacerdotes recogieron las monedas y dijeron: 'La ley no permite echar esto al tesoro, porque es precio de sangre'" (Mateo 27:6). Los santos señores lograron su objetivo. Lo hicieron después de la ascensión del Señor. Ahí están: Crucificaron al Señor y aun así son tan rectos que no quisieron tocar las treinta monedas de plata excepto para alguna obra excepcional a fin de ganarse renombre. El papa hace lo mismo. El mundo es descarriado mediante estos ignominiosos santos .

Y ahora Pilato y Herodes también tienen que entrar a escena, para que Cristo sufra abusos de parte de toda clase de gente. Los evangelistas son quienes más énfasis ponen en esto, de que Cristo fue despreciado y escupido, así como fue descrito anteriormente con referencia a la noche. En Lucas encontramos muchas más blasfemias. Los evangelistas pusieron gran énfasis en esto. Aquí sus enemigos se burlan de él poniéndole una túnica blanca.[4] Esto tuvo su origen en el hecho de que en aquellas regiones una túnica blanca representaba la vestimenta más fina. Los reyes más encumbrados la utilizaban. Los romanos se ponían una túnica roja, pero el papa y sus seguidores visten una casulla blanca y capa en las fiestas solemnes. Incluso hoy en día lo hacen el Sultán y los turcos.

Por eso se burlaron del Señor y le colocaron una túnica blanca, como para decir: ¡Quieres ser rey! ¡Muy bien, te vestiremos con vestiduras reales! Por último los soldados de Pilato le colocan una corona, como si hubiese querido ser emperador. Los evangelistas ponen mucho énfasis en el hecho de que se burlaron de él con desprecio y blasfemaron. De modo similar hoy día uno no puede hacerle daño más grande al evangelio que burlarse con desprecio o blasfemar contra él. Sigue siendo una despreciable deshonra, calumnia o insulto cuando "cabeza de zanahoria"[5] nos denuesta con sus escritos. Pero burlarse de Cristo con una túnica real y una caña por cetro (Mateo 27:29), es una blasfemia horrible y una profanación bajo un manto de desdén.

Los papistas se mofan del Salvador de la misma manera. Estos grandes santos consideran a Cristo como quien ha de declararlos justos por virtud de sus propios sufrimientos y paciencia. Sin lugar a dudas lo llaman Dios, Señor y Salvador, pero no lo dicen en serio. Esto es lo que los evangelistas tratan de dejar en claro. Herodes quiso considerar a Cristo como Señor, pero lo negó con sus acciones. Exteriormente, en apariencia, lo trató como Señor, pero en verdad lo negó. Los cartujos y franciscanos son peones de campo de Herodes. A Cristo lo llaman salvador y sin embargo se mantienen firmes en sus principios, que para ellos Cristo es un necio. Esta blasfemia se ha esparcido por el mundo entero.

"Anteriormente, Herodes y Pilato no se llevaban bien, pero ese mismo día se hicieron amigos" (Lucas 23:12). En un tiempo no lo eran, pero ahora son los mejores amigos. Si no hubiese aparecido el evangelio, los franciscanos también se habrían devorado a sí mismos.

Pilato era un hombre astuto, por tanto propone a Barrabás. Porque sabía que debían considerarlo un asesino. Y pensó: Antes de pedir la liberación de Barrabás, seguro que dejarán ir a tres como Jesús. Por causa de esto quiso ser razonablemente prudente y les puso delante a Jesús y Barrabás.

Y después pronunció sentencia: "Así que le daré una paliza y después lo soltaré" (Lucas 23:16). Razonó de la manera siguiente: Lo expulsaré de la ciudad; esto los satisfará.

Y ahora todos juntos pusieron manos a la obra, incluso los soldados, quienes, excediéndose en lo que Pilato les ordenó, le colocaron una corona de espinas. Todo el mundo pecó contra él. Respecto de esto los evangelistas son muy escrupulosos en los detalles. En el caso de las burlas, utilizan muchas palabras, pero la crucifixión la describen lo más brevemente posible: "Cuando llegaron al lugar llamado la Calavera, lo crucificaron allí" (Lucas 23:33). Han visto tanta ignominia, que hablar de ello les produce un dolor muy grande. Si fuéramos a interpretar todo en sus detalles, deberíamos predicar referente a ello durante tres, cuatro, o cinco años.

¡Mirra, vino y hiel mezclados componen una bebida excelente para una persona en agonía! (Marcos 15:23; Mateo 27:34).

Ahora crucifican a Cristo, y él, clavado en esos palos, ejerce su oficio de sacerdote. Aquí todos deben prestar atención a las palabras: "Padre, perdónalos, porque no saben lo que hacen" (Lucas 23:34). Todos deben mirar a Cristo, suspendido allí en la cruz, como al verdadero sumo sacerdote y papa. Porque esto corresponde al sumo sacerdote según el Antiguo Testamento, que se lo adorne y cubra de finas vestiduras y que realice un sacrificio. De modo que aquí Cristo ejerce su oficio sacerdotal. ¿Cómo? Lleva puestos sus más finas vestiduras y adornos. ¿Cuáles? Paciencia y obediencia a su Padre. Jamás se ha visto amor, humildad y bondad más sublimes. Aquí se conjugan todas las virtudes posibles. Vestido con estas ropas, no sacrifica la sangre de becerros, sino su propia sangre. Lo hace por nosotros, y ora diciendo: "¡Padre, perdónalos, porque no saben lo que hacen!"

Éste es el texto que nos manda reconocer a Cristo como nuestro verdadero sumo sacerdote. Habría mucho para predicar y procurar. Cristo ora por los que lo han clavado en la cruz y especialmente por aquellos que no saben lo que hicieron. Hay quienes establecen aquí una diferencia, diciendo que ora por aquellos que no saben, pero no por los que sí saben, los que han cometido pecado contra el Espíritu Santo.[6] Pero no hablaremos de esto ahora. Si esta oración no se extiende hasta nosotros, de nada nos servirán nuestras casullas y tonsuras. La oración de este sumo sacerdote es la que tiene que ayudar.

Notas

[1]Una forma popular de literatura religiosa medieval, muy ilustrada y encaminada a resaltar el sufrimiento y agonía de Cristo.

[2]Por la libertad de Lutero en la interpretación, ver Heinrich Bornkamm, *Luther and the Old Testament*, [Lutero y el Antiguo Testamento], trad. al inglés por Eric W. y Ruth C. Gritsch, edit. Víctor I. Gruhn (Philadelphia: Fortress Press, 1969), 188-95.

[3]Aristóteles, *Politics* [Políticas] I.2.

[4]Lutero traduce Lucas 23:11 "un manto blanco" y no, como en la NRSV, "an elegant robe" (un manto fino).

[5]Juan Cochlaeus. Ver p. 42, nota 7.

[6]El comentario de Nicolás de Lyra (c. 1270-1340) referido a Lucas 23:34, sugirió esta interpretación.

Sábado Santo de mañana
27 de marzo de 1529
La Pasión: Palabras desde la cruz

"Padre –dijo Jesús–, perdónalos, porque no saben lo que hacen" (Lucas 23:34). Ayer oyeron ustedes acerca de la oración expresada por el Señor, como sumo sacerdote, por los que lo clavaron en la cruz. Podría hablar mucho sobre esto, pero tenemos que proseguir. Debemos prestar atención a esta oración, porque tiene que ver con nosotros. Nuestra vida entera, todas nuestras oraciones, tanto lo bueno como lo malo, queda comprendido en esta oración. Es la oración que describe la epístola a los Hebreos al decir: "En los días de su vida mortal, Jesús ofreció oraciones y súplicas con fuerte clamor y lágrimas al que podía salvarlo de la muerte, y fue escuchado por su reverente sumisión" (Hebreos 5:7). Esta oración ha privado al diablo de su poder y abierto el cielo y toda gracia.

Ayer les dije que hicieran una distinción entre Cristo y todos los santos, para no ser contados entre los hipócritas, quienes procuran la salvación con sus obras y oraciones, justamente como los turcos que creen que no necesitan mediador. Debemos contarnos entre la multitud de personas por las que Cristo ora: "¡Padre, perdónalos, porque no saben lo que hacen!" ¡Hagan una distinción entre las oraciones como también entre las obras y el sufrimiento! Nuestras oraciones no son nada y no son oídas a no ser que participen en esta oración y estén subordinadas a esta pequeña palabra: "¡Perdónalos!" Yo debo contarme entre el número de pecadores por quienes Cristo oró en esta circunstancia. Ahora tú podrás decir también: Sea lo que fuere que yo ore, ¡es suficiente! Pero digo esto con fundamento, porque el diablo nunca duerme. Ciertamente debemos exhortar al pueblo todo el tiempo a hacer el bien. Sin embargo, es diez veces más necesario guardar la enseñanza cristiana principal. Si esto se cumple, entonces las obras por cierto seguirán. De ahí que nuestra confortación radica en que participemos en esta oración, y el hecho de que Cristo ora por nosotros.

Hay dos clases de pecadores. La primera clase son los malhechores, quienes no creen, y los santos arrogantes. La segunda son los que creen en el perdón por medio de Cristo. Somos en verdad pecadores, pero bajo la sombra del mérito y la oración de Cristo, los que ha obrado como nuestro sumo sacerdote. Consideren atentamente esta palabra y no la pasen por alto, es decir, que la oración expresada en favor de ustedes con lágrimas, fue presentada por un verdadero sumo sacerdote y es atendida por Dios. Por esta causa nadie queda excluido de esta oración, exceptuados los incrédulos o santos arrogantes. Otros predicadores toman esta oración sólo como un ejemplo, como lo hicieron con el sufrimiento de Cristo.

"Pilato mandó que se pusiera sobre la cruz un letrero en el que estuviera escrito: 'JESÚS DE NAZARET, REY DE LOS JUDÍOS'" (Juan 19:19). Mucho se ha escrito con referencia a esta inscripción como algo por lo que la gente debe persignarse por la mañana. Las palabras son buenas, mientras que uno las crea y no las convierta en un ídolo. La inscripción fue puesta sobre la cruz para avergonzar a Cristo, de modo que pareciera que era un rebelde. Pero ahora el título se ha convertido en un honor tan grande, que no hay nada más santo o puro que este título. Quienquiera que no se encuentre subordinado a esta inscripción está condenado.

"Rey de los judíos." Cristo fue acusado falsamente, como si fuese un rey de este mundo. Pero la culpa y las mentiras se convirtieron en inocencia y verdad, y aquello de lo que esa gente se reía, eso nosotros lo tomamos muy en serio. Así pasa con todo en el evangelio. "Para éstos somos olor de muerte que los lleva a la muerte"; pero para [nosotros] los pecadores "olor de vida que los lleva a la vida" (2 Corintios 2:16). Incluso hoy se piensa que Cristo es un rebelde, pero entre nosotros es el Rey de gloria. Entre el papado nuestro evangelio es veneno y mentiras, pero entre nosotros es luz. Por tanto, un cristiano debe aceptar también gozosamente el rótulo de rebelde. Pero solamente si somos "judíos",[1] es decir, los que confiesan, dan gracias y presentan alabanza, quienes confiesan que todo lo bueno viene de Dios. Porque cuando alabamos a Cristo, sus obras, su justicia y poder y a nosotros nos reducimos a nada, entonces somos verdaderos "judíos". Entre éstos, que no se justifican con sus propias obras, él es verdadero rey.

"Cuando los soldados crucificaron a Jesús, tomaron su manto" (Juan 19:23). Respecto a esto también prediqué previamente en el evangelio de Juan.[2] El apóstol elabora allí bastante el texto que trata de las vestiduras que los soldados partieron y por las que echaron suertes, si bien esto, a todas luces, sucedió sólo después de la muerte de Cristo. Pero Juan señala una interpretación espiritual. Se escribió como parte de la historia, para que veamos con cuánta estrechez mental obraron quienes crucificaron a Cristo. Así pues, le roban sus vestiduras como si fuese un criminal.

Hoy día, los entusiastas,[3] que muy convencidos escriben contra nosotros, tienen esa presunción desmedida. Concierne el difícil tema del modo en que hablan del Juicio Final, con tal provocación y convencimiento, que lo maldicen y repudian. El cristiano está lleno de temor y lucha interior y no tiene tales pensamientos de seguridad. Pero ellos se mantienen firmes como una roca y no les importa que podrían llegar a sufrir por sus declaraciones, sino que creen que todo quedará olvidado. Concuerda con el relato. Nosotros creemos en Cristo, pero a veces él nos deja tan solos como si no hubiese Dios que nos quisiera, y aparecemos tan abandonados que lo convierten en burla y juego. Es algo que entristece a los cristianos, cuando ven dentro de sí mismos tanta lucha y temor, y del otro lado tanta resistencia. ¡Siempre ocurre lo mismo! Esos soldados son los padres de toda esa gente que se siente tan segura.

"Cuando Jesús vio a su madre", etc. (Juan 19:26). Jesús quiere bendecir completamente el mundo y salir de él. Nada tiene, ni ropa ni lugar donde recostar su cabeza y ni siquiera unos centímetros cuadrados de tierra donde morir, ni una cama donde acostarse. En vez de todo esto, su cuerpo pende a poca altura en el aire. Sin embargo, aún tiene a su madre y a su discípulo. Es entonces que pone a su madre al cuidado de su más querido discípulo a quien ama. Es un gran dolor tener que dejarlos y ya no poder hacerse cargo de su madre y su discípulo. Vean de qué manera tan diferente están dispuestos los que van a morir, cuando deben dejar sus seres queridos. Cristo no siente que tiene que aferrarse a los bienes y cosas del mundo.

Basándonos en este texto hemos convertido a María en un ídolo. Cuando se predicaba a Cristo y su sufrimiento, al mismo tiempo ellos predicaban también acerca de su madre. Los papistas dijeron que María se nos ofrece como nuestra madre, de modo que debemos buscar amparo en ella. A María la respetamos con todo el honor que se merece, pero no la ponemos al mismo nivel que su Hijo. No es ella quien ha muerto y orado por nosotros. Hónrenla como quieran, pero no deben honrarla del mismo modo en que honran a Cristo. Por esto es que el Señor la despide y desea estar solo, para que nos aferremos a él. Pero hacemos lo contrario: Despedimos al Hijo y nos aferramos a su madre. Cristo deja esta tierra para poder ayudarnos. ¡Pero nosotros queremos que su madre interceda por nosotros! Juan recibió a la madre de Jesús como su propia madre. Ella se hizo cargo del hogar y cuidó de todo, y tuvo un lugar donde estar, igual a una viuda que hubiere perdido a su hijo. Ciertamente es nuestra madre, pero fundar nuestra fe en ella le quita a Cristo su sufrimiento, honor y oficio.

"Los que pasaban meneaban la cabeza y blasfemaban contra él. –¡Eh! Tú que destruyes el templo y en tres días lo reconstruyes– decían" (Marcos 15:29). Esto es ahora un ejemplo u obra. Los queridos evangelistas ponen gran énfasis en las burlas y las destacan como un sufrimiento más grande que la tortura física. Aquí describen todas las humillaciones de parte de los jefes de los sacerdotes y los escribas, de los soldados y del malhechor en la cruz. Como dice el refrán: "Siempre se ríen de los perdedores."[4] No alcanzó con que lo despojaran. Nadie se burla de los ladrones; ¡les ofrecen buen vino! Pero el que está entre los ladrones debe sufrir. En toda la tierra no puede haber nadie tan perverso como Cristo; él debe ser el más malvado. Nadie presta atención a los ladrones crucificados. Todos los ojos y dardos ponzoñosos apuntan a Cristo. El diablo se olvida de todos los demás, tan irritante y violento es su comportamiento con Cristo. Ésta es la causa porqué Satanás se puso tan vindicativo. Es la razón por la que le quita hasta la ropa y deja que echen suertes sobre ella. El diablo es, más allá de toda duda, el más perverso. Le quita la vida y finalmente su madre. Hizo todo lo que estuvo en su poder; no omitió nada.

Nada diré del tormento del alma de Cristo, del que nada sabemos y el que no sufriremos nunca tampoco. Porque Jesús no sólo sufrió en su cuerpo sino también en su alma y corazón. Satanás ha aflojado la presión ahora, porque descargó toda su ira y maldad sobre Cristo. Es por esto que ahora evidencia flojedad con los que confían en Cristo, de modo que se lo expulsa con una sola palabra. Cuando oye "Jesucristo", expresado con verdadera fe, o simplemente "Jesús de Nazaret", Satanás cae como derribado por un rayo. Satanás ha quemado todo su combustible, ha vaciado toda su ponzoña, de manera que ha quedado completamente inerme. Sin embargo, sólo para los que creen. Para los demás es el príncipe de este mundo. Todo lo que Jesús ha hecho –morir en medio de grandes tormentos, agonía, ignominia y pobreza– fue hecho con este propósito.

Sigue ahora un ejemplo que confirma la enseñanza de Jesús acerca de la expresión "¡Padre, perdónalos!" Para nosotros es un ejemplo el criminal que reprende a su hermano: "¿Ni siquiera temor de Dios tienes, aunque sufres la misma condena?" (Lucas 23:40). Es como si le dijera: ¿Seguirás simplemente a la multitud? ¿Estás loco y además eres estúpido? ¿No te das cuenta que morirás? ¡Otros, encontrándose en tu circunstancia, habrían dejado de cometer maldades, pero tú continúas con injurias estando a las puertas de la muerte! Ésta es una buena y severa reprensión que viene directamente del espíritu: "Sufrimos lo que merecen nuestros delitos" (Lucas 23:41).

¡Fíjense en lo que hace el evangelio en este caso! Estando callados los que lo rodean, las piedras (Lucas 19:40) y el criminal se ven obligados a confesar a Cristo. En toda la Biblia no he hallado un ejemplo más consolador que este versículo: "Jesús, acuérdate de mí cuando vengas en tu reino" (Lucas 23:41). Allí está suspendido en su dolor, cercano a la desesperación, y aún así se hace predicador y le proclama a su hermano todo el Pentateuco y se pronuncia públicamente contra los sacerdotes y escribas que habían desplegado todas sus estratagemas y considerado a Cristo como basura. El criminal tenía tal fortaleza de corazón que esto ni lo tomó en cuenta. "Éste, en cambio, no ha hecho nada malo" (Lucas 23:41) ¡Qué fe tan admirable! Viendo que todos juzgan que Cristo es culpable, solamente este hombre se planta frente a todos ellos. Es semejante al veredicto de un juez. Condena a todos los enemigos de Cristo y el ultraje de la cruz; no se fija para nada en la humillación, sino por el contrario apela sólo a Cristo como su mediador. Pilato y todos los otros cometen una injusticia con Cristo. "Éste, en cambio, no ha hecho nada malo."

Son palabras sencillas, pero el corazón del criminal es más grande que cielos y tierra. ¡Incluso en medio de su horrenda circunstancia pudo confesar su fe de cristiano! ¿No es acaso una ignominia terrible, que Cristo muere y todos se burlan de él? Y pese a semejante humillación, Cristo no desciende de la cruz, como debería haberlo hecho. Ciertamente el criminal no se fija en tal ignominia, sino que mira sólo a Cristo y se aferra a él. Debe haber tenido ojos de gran pureza. Porque no ve en Cristo lo que es fragilidad, sino lo que no es aparente, es decir, que es rey y tiene un reino en el cual vivir.

Vemos aquí el primer fruto de la oración de Cristo, "¡Padre, perdónalos, porque no saben lo que hacen!" La oración concierne su hermano crucificado junto con él. Lucas habla de dos criminales. Hay quienes lo entienden como una sinécdoque,[5] es decir, un modo de expresarse abreviado. A cada cual lo suyo. El criminal ciertamente no había reconocido previamente al Señor como el Cristo. Pero, al estar el Señor orando, lo reconoció y percibió todo el odio y envidia de los enemigos de Cristo, y que no tenían motivos para condenarlo. Y finalmente vino la luz y resplandeció, de manera que comprendió: ¡Es un hombre justo! Quisiera yo estar donde él está. Después lo reconoció por rey. Y Cristo le contestó: "Te aseguro que hoy estarás conmigo en el paraíso" (Lucas 23:43).

He aquí una palabra poderosa. Por causa de esto deseamos exaltar al criminal: ¡Sea su historia la primera y mejor de la cristiandad! Aquí tienen descrito cómo alguien llega a ser cristiano. Los monjes se avergüenzan de ser como este criminal.[6] Pero no te avergüences tú de ser cristiano conforme con el ejemplo del criminal. Pero dirás: "¡Ciertamente no soy un criminal!" ¡Sí que lo eres!, mientras te encuentres sometido al diablo que es un criminal (Juan 8:44). El criminal de quien estamos hablando, es el primer santo del Nuevo Testamento y llegó a serlo por medio del sufrimiento de Cristo, quien oró por él en la cruz. Por tanto todos llegamos a ser cristianos así como él llegó a serlo. ¡Quisiera yo que lo supiésemos! Sin embargo, es un ejemplo que no es tan fácil de seguir como lo es observarlo. El criminal es un abad de más valor que cualquier Bernardo o Benito. Nadie ha hecho lo que él hizo, y nadie, incluyendo todos los monjes, lo hará jamás. Porque, ¿qué es todo lo monjil comparado con él? En primer lugar, todos somos pecadores. El criminal pronuncia sobre sí mismo el juicio de que es pecador. Los monjes, sin embargo, nunca hacen cosas así. Pero los que desean acercarse a Cristo deben primeramente confesar sus pecados, sentirlos y tenerlos por ciertos. Además, es un arte que sobrepasa a todas las demás artes, un arte que yo no logro maestrear, porque el tormento lo derribó junto con el pecado, de modo que supo inmediatamente lo que debió hacer.

Si digo: "Soy pecador" y no estoy expuesto al peligro de ser castigado, bueno, eso es muy fácil. Pero si al pecado se le agrega el castigo por el pecado, entonces, reconocerlo como justo y aprobarlo es un arte que ningún monje ni clérigo puede ejercer. El criminal acepta el castigo que lo atormenta y lo aprueba y soporta voluntaria y gozosamente, como si dijera: Ciertamente esto me sucede con justicia y lo acepto gozosamente. Quienquiera que logra hacer esto ya ha vencido, pero quienquiera que no lo logra se encuentra en serio peligro.

Ésta es, pues, la virtud que deben aprender todos los cristianos, a tener conciencia de que son pecadores con un cuerpo repleto de pecados. Asimismo es una virtud, que si la ira y el terror se presentan antes de la muerte, si habiendo sido arrojados en prisión, pueden decir: Es justo. Si tal cosa no sucede no hay garantía de que seremos salvos. El criminal dijo: Yo soy pecador, es justo que sea castigado. Pero, ¿qué hace entonces? Se dirige a Cristo. Los que viven sus santas vidas no llegan al punto de ponerles a sus obras el rótulo de pecado. Se encuentran en una clase diferente a la del criminal. Pero pretenden que sus obras son justas y se niegan a aprender el arte que el criminal ha llegado a dominar. Mucho menos pueden dominar el arte de decir, cuando surge la persecución: Tú, Señor, eres justo. En cambio dicen: Me persiguen porque soy sacerdote o monje.

Ésta es la primera obra para llegar a cristiano: Saber que somos pecadores y que merecemos lo que nos sucede. Así pues, el criminal no hace otra cosa sino creer en Cristo y procurarlo. Nada de ayunos o peregrinaciones. Pone sus ojos en él: "¡Jesús, acuérdate de mí cuando vengas en tu reino!" Son palabras de fe. El cristiano confiesa que Cristo es rey y que tiene un reino, y clama: "¡Señor, acuérdate de mí!" En esto consiste todo: Primero, acusarse uno mismo y segundo, no pretender ser justo, pero en vez de esto dirigirse a Cristo. El evangelio consiste en que no se llega a cristiano mediante las obras, sino por medio de Cristo. Tan excelente es esta fe, que es un gozo. La certeza del criminal es tan grande, que no vacila ni un segundo. Ocupa su lugar aquí como ejemplo.

Pero de pronto alguien dirá: El criminal era un caso fuera de lo común. ¡No todo el mundo vive esa experiencia! Pero, o te guías por este modelo o por ninguno en absoluto. La oración de Cristo debe venir primero, y debes reconocer que eres pecador y que todo lo malo que te sucede, sucede con justicia, y finalmente debes fijar tus ojos en él. Entonces la quinta cosa también seguirá: "Te aseguro que hoy estarás conmigo en el paraíso." Ahí recibe inmediatamente la promesa, sin penitencia o merecimiento, y se le da el paraíso porque es "judío", es decir, confiesa correctamente. Luego está lo del letrero: "ÉSTE ES EL REY DE LOS JUDÍOS."[7] El criminal tiene parte en su reino. Pongan este ejemplo en contra de toda presunción y contra toda desesperación y consideren al criminal como un paradigma, no solamente un milagro, aunque también lo es. De manera que con todos sus pecados se aferra sólo a Cristo, confesándolos espontáneamente y asiéndose solamente de la gracia. Para la naturaleza humana es difícil. El criminal hizo esta confesión ante el mundo entero como un ejemplo pleno de consuelo.

Notas

[1]Lutero se atiene a la etimología de la palabra "judío" en *De nominibus Hebraicis* (PL 23:781).

[2]Este sermón se encuentra en WA 28:392s. Lutero predicó sobre este texto el sábado anterior, 20 de marzo de 1529, como parte de los sermones semanales basados en una lectura continuada del cuarto evangelio.

[3]Ver arriba, p. 62, nota 3.

[4]Este dicho es el N° 245 en Ernst Thiele, *Luthers Sprichwörterversammlung* [Colección de dichos de Lutero] (Weimar: Böhlau, 1900). Literalmente: "Quienquiera que recibe heridas no puede andar preocupándose por insultos."

[5]Figura de retórica que consiste en tomar una parte por el todo, o el todo por una parte. Tomando nota de que en Mateo 27:44 ambos criminales hacían burla de Jesús, las *Glosas Ordinarias* y Nicolás de Lyra lo explican de esta forma. La *Glosa Interlineal*, citando a Jerónimo, presenta la explicación de Lutero.

[6]Aquí Lutero contrasta las expectativas medievales de progreso de la vida cris-

tiana con su entendimiento del evangelio.

[7]Ver arriba, nota 1.

Sábado Santo de tarde
27 de marzo de 1529
La Pasión: Palabras desde la cruz, muerte y sepultura

Trataremos el texto en su totalidad y daremos por concluida la Pasión. "Desde el mediodía y hasta la media tarde toda la tierra quedó en oscuridad" (Mateo 27:45). Fue una gran señal, de manera que no es de sorprenderse que todo estuviera tan trastornado. Esa oscuridad duró desde la sexta hasta la novena hora. Los astrónomos saben muy bien de qué clase de oscuridad se trata.[1] La sexta hora, según el modo de contar de los hebreos, es la hora duodécima según el modo alemán. Ellos han dividido el día en cuatro partes: Desde la sexta hasta la novena, desde la novena hasta la duodécima, desde la duodécima hasta la tercera, y desde la tercera hasta la sexta. Cristo fue juzgado desde la hora sexta hasta la novena; desde la novena hasta la duodécima hora fue crucificado. Entonces una gran oscuridad cubrió toda la tierra.

Fue un gran milagro. Porque la ciencia nos informa lo siguiente: Si hay luna llena, es imposible que haya un eclipse. Con todo, aquí sucede al mediodía o poco después del mediodía, con luna llena. Si se oscurece el sol, debe suceder cuando hay luna nueva. Ellos, sin embargo, estaban obligados a celebrar la Pascua en la luna llena. Por esta razón era una señal que no podían tolerar.

"Como a las tres de la tarde, Jesús gritó con fuerza: *Elí, Elí, ¿lama sabactani?*" (Mateo 27:46).[2] Los evangelistas escribieron este versículo en hebreo con la finalidad de dar a entender que este Salmo (22) habla de Cristo. ¿Por qué es que se debate tanto acerca de este versículo? Aún no entendemos que quien será nuestro Salvador grita con vehemencia, diciendo que ha sido abandonado. El

Señor es quien quita nuestros pecados, y éstos nos separan de Dios, de la justicia y de todo lo bueno. Él tuvo que sentir esta separación en la cruz a fin de que nosotros lleguemos a comprender que el sufrimiento de Cristo debe distinguirse de todo otro sufrimiento. Lo mejor, sin embargo, es que él no desesperó, sino que gritó dirigiéndose a Dios. Lo que significa ser abandonado por Dios es algo para lo cual no tengo palabras suficientes que lo expresen, y aunque las tuviera, aún así ustedes no lo entenderían del todo. Le quitaron el cuerpo y la vida y lo humillaron, de modo que nadie presentó un testimonio de su fe en él, excepto el criminal.

Ahora bien, estas últimas palabras que pronunció estando a punto de morir, también son recibidas con insultos. No se ha oído jamás la expresión de un odio y envidia más venenosos que los que Cristo soportó en la cruz. Ni siquiera son capaces de relacionar sus palabras con el contexto obvio. "Cuando lo oyeron, algunos de los que estaban allí dijeron: Está llamando a Elías" (Mateo 27:47). Bien podría ser que lo entendieran y que simplemente por pura perversidad tergiversaran el sentido. Algunos intérpretes dicen que los soldados se burlaron de sus palabras porque no entendían el idioma.[3] Pero lo más probable es que los judíos le hicieran burla de esta forma por demás afrentosa, como cuando un niño grita: "Madre, madre" y algún malvado dice: "¡Sí, ladre, ladre!"[4] Es esto lo que hace el diablo. En la circunstancia de mayor necesidad de Cristo, el diablo tergiversa sus palabras.

Muchísimo es lo que podría predicarse sobre este texto. Esto puede el diablo, a saber, que motivado por su tremendo odio, menosprecia y escarnece nuestras oraciones y palabras. Los que escriben contra nosotros también quisieran hacerlo, pero son demasiado brutos. El diablo, sin embargo, sabe perfectamente qué hay en el corazón: Si una persona desea dirigirse a Dios con toda seriedad, él lo retuerce para que sea una burla. Y no alcanza con que se burlaron del Señor con palabras, sino que lo hicieron también con acciones. Alguien le ofreció un sorbo de vinagre.

"Al instante uno de ellos corrió en busca de una esponja. La empapó en vinagre, la puso en una caña y se la ofreció a Jesús para que bebiera" (Mateo 27:48). Esto lo idearon ex profeso por causa de él, porque a los otros criminales les habían ofrecido un sorbo de vino: Sí, claro –dijeron–, tiene sed, ¡démosle algo de beber! Aquí se manifiestan el odio y la envidia de mil demonios. Tan pronto abre la boca, que le hacen burla. Al tener sed, le ofrecen un sorbo de vinagre. Nadie le hace esto a un criminal desesperado y pérfido, aunque esté por ser descuartizado. Le dan vinagre solamente al que ha sido juzgado injustamente. Si hubiese querido un lecho, lo habrían atravesado con lanza y clavos. Así ha de ser: Toda la crueldad que puede haber le debe caer encima a Cristo y su evangelio, de manera que Satanás vacíe completamente toda su maldad y quede inerme, para gran consuelo nuestro.

"Entonces Jesús exclamó con fuerza: ¡Padre, en tus manos encomiendo mi espíritu!" (Lucas 23:46). Para tratar esto a conciencia haría falta un sermón aparte acerca de cómo se debe morir.[5]

"Al probar Jesús el vinagre, dijo: Todo se ha cumplido. Luego inclinó la cabeza y entregó el espíritu" (Juan 19:30). La Escritura se ha cumplido, porque está escrito que el Cordero de Dios debe morir por nosotros. Él es nuestro sumo sacerdote, Aarón, porque en la cruz entrega su vida por completo y se sacrifica a sí mismo. Por lo tanto ya está cumplido. Nadie podrá alegar en contra diciendo que todavía falta muchísimo más.

Éste es el sufrimiento que compró nuestra redención. Es necesario exhortarnos a no olvidar este sufrimiento muy fácilmente y ser desagradecidos. Porque este sufrimiento indica qué cosa tan horrible trae consigo una vida de maldad. Queremos ser cristianos y sin embargo vivimos a lo grande, como si Cristo hubiese sufrido inútilmente o al menos no por nuestros pecados. Siendo que murió por causa de nuestros pecados, ciertamente quiere que éstos sean eliminados, muertos, y nosotros los que afirmamos ser cristianos debemos estar en guardia toda la vida contra los pecados, porque el pago por el pecado fue muy costoso, y gravoso fue para el Señor hacerlo. Debido a que no recordamos el sufrimiento que hubo por causa de nosotros, no nos preocupamos demasiado por el pecado.

Pero, como dije, este sufrimiento debe mantenerse separado del sufrimiento de todos los cristianos. Ninguna pasión debe ocupar tan completamente nuestro corazón como ésta, porque debemos darnos cuenta que nuestros pecados yacen allí. Nuestros pecados ahogaron a Cristo, Satanás lo pisoteó, y Cristo murió por nosotros. Satanás gobierna ahora, el pecado prevalece y los judíos se alegran, cantan y brincan: Allí está Cristo mordiendo el polvo. Todos sus milagros y enseñanzas se perdieron; ya no hay Cristo.

"En ese momento la cortina del santuario del templo se rasgó en dos, de arriba abajo" (Mateo 27:51). Los sucesos ocurren precipitadamente. Ahora que el sufrimiento terminó, las cosas revierten rápidamente, a la muerte hay que darle un empellón, porque será derrotada. Los muertos resucitan,[6] pero Cristo aún sigue en la muerte. Debido a que a él lo quieren sepultar, otros resucitan. Todas las criaturas despiertan al llegar la Pasión a su fin, como si quisieran decir: "¡Debe ser algún otro!" Los que presencian estas cosas deben ser completamente insensibles. El sol pierde su brillo, las rocas se parten, la tierra se sacude, lo cual es aterrador. Y los sepulcros de los santos son abiertos, y los que habían muerto hacía poco, resucitan. Yo creo que Simeón[7] era uno de ellos. Y la cortina del templo se rasga de arriba abajo. De ningún modo pudo esto ser un accidente. Estaba confeccionada de la más preciosa y refinada seda roja. ¿Qué significa esto? Significa que por medio de Cristo todo queda revelado y la muerte debe irse. Es decir, Cristo dio a entender, incluso antes de resucitar, que podía resucitar a los muertos estando aún en la tumba. No quiso resucitar solo, sino que quiso tener compañeros que resucitasen y emergieran de la tierra.

"Cuando el centurión y los que con él estaban custodiando a Jesús vieron el terremoto y todo lo que había sucedido, quedaron aterrados y exclamaron: ¡Verdaderamente éste era el Hijo de Dios!" (Mateo 27:54). El centurión, aunque también es un gentil, comienza a su vez a vituperar a Herodes y los jefes de los sacerdotes, diciendo: Por mi vida, ustedes le han hecho una gran injusticia a este hombre.

Supónganse que alguien fuese ahorcado y hubiese quienes dijeran: ¡Esto le sucedió injustamente! Pero este hombre agrega aún: "¡Verdaderamente éste era el Hijo de Dios!", ¡y saca esta conclusión de los milagros que habían tenido lugar! El gentil no creyente confiesa a Cristo, aunque el propio pueblo de Cristo reniega de él. ¡El que estaba encargado de ocuparse del cadáver se atreve a abrir la boca! Otros, sin embargo, no tan osados, golpeándose el pecho decían: ¡Se le ha condenado injustamente, pero ha dejado esta vida y no retornará! El gentil, sin embargo, se va reconfortado. "Pero todos los conocidos de Jesús, incluso las mujeres que lo habían seguido desde Galilea, se quedaron mirando desde lejos" (Lucas 23:49).

Estas mujeres eran las amigas de Jesús, venidas con él desde Galilea, que habían vendido sus pertenencias y le habían servido, que habían tenido la esperanza de que él fuera un rey, y le habían amado de todo corazón.[8] Y justamente ahora que la esperanza había llegado a su grado máximo, él termina en el patíbulo. No piensan otra cosa sino que era un hombre cabal, pero que ahora todo terminó para él.

Los evangelistas han escrito esto, de cuán lamentable fue que Cristo hubiera muerto, de cómo el rebaño fue disgregado y que tuvieron que oír los insultos, pero los judíos estaban contentos.

"Era el día de la preparación para la Pascua. Los judíos... le pidieron a Pilato ordenar que les quebraran las piernas a los crucificados y bajaran sus cuerpos" (Juan 19:31). Aquí aparece la señal del agua y la sangre que mana de su costado (Juan 19:34). Es un tema que merece un sermón especial.[9] "Después de esto, José de Arimatea le pidió a Pilato", etc. (Juan 19:38). Por más abandonado que Cristo está, hay todavía quien lo honra –no solamente el criminal–, y que también es su seguidor, José de Arimatea.

José de Arimatea era un ciudadano ilustre y rico, y sin embargo en todo tiempo tan recto, que había decidido no concordar con las decisiones de los judíos y no quiso tampoco presenciar el juicio de Cristo. El texto aquí alaba su conducta y dice que era un discípulo secreto de Jesús, como Nicodemo. Hasta este momento no había confesado a Cristo, pero ahora lo hace. Los judíos, por su parte, pensaron: ¡Ahora que su maestro está muerto, que lo entierre! ¿No es curioso que alguien del Consejo lo haya sepultado, a él, a quien todo el Consejo y Pilato habían condenado? Además, si bien creían que se había ido para siempre, era no obstante un gran riesgo para él ir con una tela de lino y ocuparse del cuerpo. Pero, siendo que el Señor está muerto, lo dejan ir.

Ahora está sepultado, "así que ellos fueron, cerraron el sepulcro con una piedra, y lo sellaron; y dejaron puesta la guardia" (Mateo 27:66). Allí el pecado, la muerte y el diablo señorean sobre Cristo. El pecado fue inmisericorde, lo atemorizó y sometió por completo. El mundo, su cuerpo humano débil, el diablo y el pecado han derribado la justicia y hundido el Espíritu. El diablo ha destronado a

Dios; el diablo se ha convertido nuevamente en dios, y el infierno en el cielo. Pero el diablo que lo oprimió, la carne que lo sometió, el pecado y la muerte que lo devoraron es mi pecado, muerte y diablo, y el tuyo. Lo que le sucedió a él, debía habernos sucedido a nosotros. Nosotros estamos sometidos al pecado, al mundo y a la carne, y Cristo está sometido a ellos por nosotros.

Pero mañana oirán cómo Cristo pisotea a Satanás y su mundo.

Notas

[1]Una lectura alternativa en WA 29:248, 24 dice: "no saben."

[2]El texto por el que se guió Lutero, dice: "Eli, Eli, lama asabthani."

[3]Esta interpretación se encuentra en la *Glosa Ordinaria* y el comentario de Nicolás de Lyra con referencia al texto.

[4]"Mutter" [madre] y "Butter" [mantequilla] en alemán.

[5]Lutero escribió ese sermón en 1519. Ver LW 42:97-115.

[6]Ver Mateo 27:52-53.

[7]Ver Lucas 2:25-35.

[8]Ver Lucas 8:1-3.

[9]Lutero predicó también sobre este texto con relación a los sermones semanales acerca de Juan. Ver WA 28:406ss .

Domingo de Pascua de mañana 28 de marzo de 1529 La Resurrección de Cristo y su significado

Debido a que hoy celebramos un festival glorioso y hay mucho acerca de qué predicar, no trataremos todo el material al mismo tiempo. En lugar de eso leeré, en primer lugar, la historia para beneficio del pueblo sencillo que no sabe qué ocurrió en este día, a fin de que se enteren de cómo fue.

Así escribe el evangelista: "Cuando pasó el sábado, María Magdalena, María la madre de Jacobo, y Salomé compraron especias aromáticas para ir a ungir el cuerpo de Jesús" (Marcos 16:1). Las buenas mujeres amaban al Señor y estaban tristes. Por eso salieron y compraron especias aromáticas para ungir el cuerpo sin vida en el sepulcro. Ungir los muertos era una costumbre de los judíos, así como Jacob fue ungido en Egipto, lo mismo que otros reyes. De manera admirable se mantuvo esta costumbre entre los judíos y es una práctica digna de encomio. Se basa en la Escrituras, –una creencia que también tenían los patriarcas– de que los muertos resucitarán y que después de esta vida habrá otra. Por tanto quisieron señalar la resurrección mediante esta costumbre externa.

Los evangelistas indican con lujo de detalles el día y la hora exactos en que Cristo fue resucitado. Mateo dice que ocurrió "en el fin del sábado, así como iba amaneciendo el primer día de la semana" (Mateo 28:1) [Versión de Cipriano de Valera, Sociedad Bíblica Americana, año 1899]. Relata que habían llegado al sepulcro un cuarto de hora antes de la salida del sol. Mateo dice que ocurrió en el fin del sábado para los judíos, quienes entienden que éste dura hasta que salga el sol del nuevo día. Mientras uno no vea el sol es de noche. Por esta razón es que Mateo dice que ocurrió la noche en que el sábado iba amaneciendo, y dice que era el primer día de la semana.

Los judíos llamaban sábados todos los días que seguían al sábado. Consideran tanto más grande el verdadero sábado porque cayó en la Pascua, así como nosotros hablamos del primer día de la Pascua según lo tenemos hoy día. Consiguientemente, esto ocurrió después que hubo pasado el gran sábado y amanecido un nuevo día. Es decir, Cristo fue resucitado en este día de domingo. Porque el viernes era la verdadera Pascua, que comenzaba el jueves al anochecer. Después de la Pascua llegó el sábado, en que Jesús descansó y estuvo en la tumba, y entonces el día siguiente –domingo– fue resucitado.

Ahora bien, mientras las mujeres fueron a ver el sepulcro, sucedió lo siguiente: "...hubo un terremoto violento, porque un ángel del Señor bajó del cielo y, acercándose al sepulcro, quitó la piedra y se sentó sobre ella" (Mateo 28:2). Aquí encontramos escrito lo que sucedió cuando el Señor resucitó. Los guardias acampaban cerca de allí, y la entrada quedó sellada con una piedra muy grande, para que nadie pudiese quitarla. Aun si uno de los discípulos o amigos del Señor hubiesen llegado, los guardias estaban allí, y toda la ciudad y Pilato habrían llegado corriendo al lugar. Cuando el ángel llegó del cielo, el Señor ya se había ido, porque, como dice el texto, resucitó durante el gran terremoto. El ángel se acercó al sepulcro sólo después que el Señor hubo pasado a través de la piedra con su cuerpo transfigurado. Los guardias ciertamente percibieron el terremoto, pero cosas como éstas las habían visto ya antes y estaban acostumbrados a ellas. Pero entonces apareció ese ángel vestido con ropas blancas y sentado frente a ellos. Esto ya era demasiado y no pudieron creer lo que veían, "y quedaron como muertos" (Mateo 28:4). Uno tiene que estar realmente fogueado para hacer frente a semejantes acontecimientos imprevistos y después aceptar un soborno para negarlo.

Así es como ocurrió la resurrección durante el terremoto y alarmó a los guardias de los judíos. Los evangelistas lo describen en pocas palabras. Los ángeles solos lo proclaman. Si la tierra ha de traer a la luz algo grandioso y está por suceder algo, entonces desata un terremoto, así como está escrito en el Salmo, "Desde el cielo diste a conocer tu veredicto; la tierra, temerosa, guardó silencio" (Salmo 76:8).[1] Por eso, cuando lees que algo grandioso sucedió, lo precedió un terremoto (Éxodo 19:18). Pero el terremoto no nos concierne, ni le importó al Señor, sino sólo a los guardias, quienes "quedaron como muertos" (Mateo 28:4).

Por eso, cuando ocurre, es una señal de que el Señor hará algo bueno. Entonces los que lo persiguieron más bien que se cuiden, pero los justos deben cobrar ánimo, "porque se acerca su redención" (Lucas 21:28). Hoy día uno oye a la gente decir en cuanto a los terremotos: Espera y observa lo que vendrá luego. Lo que se obró a continuación de este terremoto, sacudió toda la tierra. La gente quedó conmocionada y fuera de sí. Así es que se dice: El evangelio causa desgracia y discordia y destruye el amor. Ciertamente, cuando ocurre un terremoto no hay paz, sino que las ciudades y las fortalezas se derrumban. Los que aún pueden huir, lo hacen, y no se quedan deambulando. Así también, cuando llega el evangelio, uno no puede pensar acerca de paz.

El evangelio causa gran revuelo en el mundo, pero no como que haya sido culpa del evangelio, sino que es más bien por culpa de la gente impía. Pero si ellos son capaces de crucificarlo y condenarlo, el Padre del cielo puede despertarlo nuevamente durante un terremoto, de modo que quedan aterrorizados. Así será cuando llegue el día del juicio, que espero no se tarde; las ciudades y fortalezas caerán, de modo que habrá estruendo.

"¿Quién nos quitará la piedra de la entrada del sepulcro?" (Marcos 16:3). El ángel, que estaba sentado sobre la piedra y había espantado a los guardias, ya no está. Y las mujeres realmente son unas tontas ingenuas al pensar: "¿Quién nos quitará la piedra? ¿Qué haremos?" Están preocupadas y piensan que vinieron inútilmente. Pese a todo, su gran amor hace que se apresuren para llegar al sepulcro. Y entonces se dan cuenta que los guardias se han ido y que la piedra ha sido quitada. Aun así, sólo atinan a tener pensamientos deprimentes: Los judíos temían que pudiéramos llevarnos este hombre muerto, y por eso ellos mismos lo trasladaron a otro sitio. De esta manera dieron vuelo a sus pensamientos opresivos. "Mientras se preguntaban qué habría pasado, se les presentaron dos hombres con ropas resplandecientes" (Lucas 24:4).

No se atreven a mirar a los ángeles porque ya están atemorizadas. "Pero ellos les dijeron: ¿Por qué buscan ustedes entre los muertos al que vive?" (Lucas 24:5). Las mujeres habían ido allí primero sin los hombres, vieron los ángeles y volvieron a la ciudad llenas de miedo. Ciertamente, habían visto a los ángeles, pero no les escucharon; porque cuando uno está metido en peligro de muerte, se le hace muy difícil escuchar palabras de vida. Los queridos apóstoles y los demás escucharon las palabras de las mujeres de que la tumba estaba abierta y que habían visto ángeles. La primera parte la creyeron, sin dudar. Pero que él está vivo suena en sus oídos a palabras vanas, como dice Lucas, "así que no les creyeron" (Lucas 24:11).

Si uno se siente abrumado por pensamientos profundos, es imposible ver la verdad. Los apóstoles no pueden aceptar que Cristo esté vivo, porque se convencieron a sí mismos con demasiada firmeza que está muerto y enterrado. Así sucede con todas las acometidas del diablo. Si alguien te cuenta algo que contradice, suena a cuento.

María le habló a Pedro y los otros discípulos, diciendo: "Es que se han llevado a mi Señor, y no sé dónde lo han puesto" (Juan 20:13). Pero, aunque todas las mujeres dijeron lo mismo, los discípulos aún no lo creían. Las mujeres también comienzan a pensar, "son tonterías", y se imaginan haber sido engañadas. Por esta causa, María Magdalena se lamenta: "Se han llevado a mi Señor" –las palabras del ángel no cuentan– y queda en este engaño.

"Pedro y el otro discípulo se dirigieron entonces al sepulcro" (Juan 20:3). Juan redactó estas palabras, y le concede a Pedro el honor, como debe ser y como lo hiciera previamente (Juan 20:2), aunque nuestros adversarios concluyen de esto que Pedro tiene preeminencia sobre Juan. Y cuando entraron al sepulcro, vieron confirmados su engaño y falta de fe, así como María Magdalena había dicho: "Se han llevado a mi Señor." Porque Pedro seguramente pensó que las vendas y el sudario estaban colocados de tal manera que no fue Cristo quien lo hizo, sino los judíos. Cuando vio las vendas de lino, con seguridad pensó que alguien se había llevado al Señor. De esta manera, pues, se hundieron aún más en el descreimiento. ¿Por qué? No podían creer los pasajes de la Escritura acerca de su resurrección, porque aún no los conocían.

"Los discípulos regresaron a su casa" (Juan 20:10).[2] Este recorrido fue el segundo. Las mujeres corrieron nuevamente, esta vez con Pedro y Juan, hablaron entre sí y estaban perplejas, pero sólo acerca de si habían sido los judíos o Pilato quienes se llevaron al Señor. Pero ningún pensamiento acerca de la resurrección de Cristo, ni siquiera una insinuación. Mientras los demás se iban nuevamente, María Magdalena quedó en el huerto, porque, como mujer, era más vehemente. Las otras mujeres se fueron para otro lado. María quedó en el lugar del sepulcro, entró, dio un vistazo y vio dos ángeles y finalmente se encontró con Jesús, a quien no reconoció.

Éste es el texto donde se relata que el Señor se aparece primero a María Magdalena. Aquí las otras mujeres no estaban cerca, porque esto sucedió en el huerto junto al sepulcro. Las mujeres fueron nuevamente a la ciudad para contárselo a los discípulos, porque estaban atemorizadas y el Señor se apareció a todas ellas. Porque Cristo les había dicho: "Vayan a decirles a mis hermanos" (Mateo 28:10). Tenemos aquí dos apariciones distintas, a María Magdalena y a las otras mujeres. "Mientras las mujeres iban de camino, algunos de los guardias entraron en la ciudad e informaron a los jefes de los sacerdotes de todo lo que había sucedido" (Mateo 28:11).

Ésta es la historia de la Pascua. Mucho podría predicarse acerca de ella, y vale la pena tratarla por partes, una por una.

En primer lugar, lo que debe hacerse luego de haber conocido en términos sencillos esta historia, es comprender y considerar la resurrección de Cristo de una manera verdaderamente cristiana, porque la mayoría de las personas prestan oídos a la resurrección de Cristo como si se tratara de una historia acerca de los turcos. Es para ellas un relato retratado en la pared. Debe ser algo mucho mejor que eso, como cantamos en el himno: "Que nuestro gozo se demuestre completamente y sin trabas; Cristo será nuestro verdadero consuelo."[3] Tenemos que considerar que es nuestra, que tiene que ver contigo y conmigo. No sólo debemos considerar cómo fue la resurrección, sino que debes reconocer que es para ti, acorde con lo que dice el Señor con las palabras: "¡Vayan a decirles a mis hermanos!" (Mateo 28:10). Aquí vemos qué quiere lograr con su resurrección.

He aquí la verdadera enseñanza de la resurrección: Que cada persona la acepte como suya propia. Porque existe una gran diferencia entre 'Cristo es *un* Salvador y rey,' y 'Cristo es *mi* Salvador y *mi* rey.' Pero, justamente cuán difícil esto es, queda indicado por los discípulos, quienes apenas si creen que Cristo ha resucitado, ni que hablar que ha resucitado para ellos.

La gente impía, que se ríe de nosotros cuando predicamos la fe, no sabe qué es la fe y qué hace. Son unos estúpidos ciegos y consideran la resurrección del mismo modo como una vaca mira una tranquera nueva. Pero cuando fundas tu fe en las obras de él, entonces es ese campeón, gigante y héroe tal, que tuvo que vérselas, uno después de otro, con las puertas del infierno, todos los diablos con su astucia, y la muerte con todo su poder. Si hubiesen tenido esto en cuenta, no se reirían tanto de nosotros. Ciertamente debemos aprender de nuestra propia experiencia que nadie en esta tierra, ni siquiera el emperador, puede oponérsele a la muerte, y sin embargo un cristiano puede hacerlo. Por tanto, la resurrección debe considerarse con otros ojos, que no los ojos físicos; porque si no, no se obtiene consuelo. En esto es necesario abrir los ojos del corazón.

En el relato de la Pasión han oído ustedes cómo Cristo dejó que lo crucificaran y sepultaran y cómo el pecado y la muerte lo pisotearon. Satanás y los pecados del mundo yacen sobre él en la tumba. El pecado, la muerte y el diablo señorean sobre él. Por tanto, debes mirar dentro del sepulcro y darte cuenta de esto: Mis pecados y mi muerte lo destrozan y lo oprimen. En esto el diablo se considera seguro, y los jefes de los sacerdotes se jactan y se gozan: Él se ha ido y no volverá. Pero en el instante en que lo creen derrotado, el león se desembaraza del pecado, la muerte, el infierno y las fauces del diablo y los hace trizas con sus dientes. Éste es nuestro consuelo, que Cristo resucita: La muerte, el pecado y el diablo no pueden retenerlo. El pecado del mundo quedó impotente. Cuando Cristo se aparece a María Magdalena, no se percibe en él ni muerte ni pecado, ni tampoco tristeza, sino vida verdadera y gozo. En eso veo que el Señor es mío y que pisotea al diablo. Entonces veo que mis pecados, mi tormento y el diablo están donde deben estar. Ahí está la simiente de la mujer, la que ha aplastado la cabeza de la serpiente (Génesis 3:15), y dice: ¡Muerte, tú mueres; infierno, estás derrotado! Aquí está el vencedor.

Es una verdadera virtud en la que se destaca el cristiano, cuando considera al Señor Jesús como quien se hace cargo de lidiar con nuestros pecados. Pero si nos endilgan un sermón de este tenor: ¡Tú has pecado; tú debes hacer esto y lo otro y por medio de tus propias obras acometer esos pecados!, entonces nos ponen frente a la muerte y el pecado y nos ordenan que luchemos contra ellos con nuestras obras. Fíjense cómo nos enseñan a considerar el pecado y la muerte: Es decir, que éstos son los más poderosos y gobiernan mi conciencia. A eso me llevan, a mí, desventurado, tan desdichadamente solo contra el diablo.

¿No es éste un sermón diabólico y una blasfemia contra Dios y Cristo? De manera que si mis obras lo hacen, no necesito a Cristo que murió y resucitó. Si Satanás y el pecado se presentan y tú los consideras del modo en que acabo de describirlo, estás perdido. En cualquier momento en que sientas el pecado, la muerte, el tormento y el ataque del diablo, no podrás recibir ayuda, a no ser que deseches lo que tu conciencia te dicta y te vuelvas a Cristo. Debes decir: La naturaleza pecaminosa y el diablo no ponen mis pecados en el lugar correcto; allí donde están son demasiado poderosos para mí. Pero Cristo no resucitó para beneficio de él, sino para mí, y la Escritura dice que los pecados de todo el mundo han sido arrojados sobre él: "¡Aquí tienen al Cordero de Dios, que quita el pecado del mundo!" (Juan 1:29). ¡Allí están! ¡Y déjenlos allí, donde la Escritura los pone! ¡Si el diablo quiere convencerte de otra cosa, entonces recuerda justamente este sermón!

Estando los pecados sobre Cristo, veo entonces lo que el mundo, el diablo y el pecado le hacen en la tumba y la muerte: Se le pegan y lo aplastan; de modo que se hacen fuertes y lo devoran. Pero, debido a que hoy sale de la tumba y continúa en honor y gloria, todo lo que el diablo, el pecado y la muerte han hecho queda destruido. Es tan fácil pronunciar estas palabras, pero no hay quien las crea. Es, en verdad, un artículo de fe difícil de creer, y de basarse con certeza en lo que digo, que todos los pecados que siento no son míos, que el miedo a la muerte no es mío. Esto está dicho en contradicción de todo lo razonable. Pero la Escritura ciertamente no miente al decir que mis pecados yacen sobre él. Si es cierto, entonces no están sobre mí. De modo que tengo que seguir la lógica de estas aseveraciones y afirmar: Nada sé yo del pecado, la muerte o el diablo, porque miro a Cristo. Si no lo sofocaron, entonces deben haber muerto. Porque si el pecado y la muerte pudiesen hacer algo, yo esperaría descubrirlo en Cristo. Pero ellos no le hacen nada. Él vive, y no veo que tenga estigmas. Por esta razón deben ser barridos por el viento como polvo. Por lo tanto un cristiano no debe sentir nada de pecado y de muerte, sino mirar a Cristo solamente. Quienquiera que puede creer este artículo de fe es cristiano.

Pero Satanás se las arregla para que estas cosas no penetren nuestro corazón, porque no le gusta cuando alguien cree que su autoridad y poder son nulos. Y sin embargo es cierto: Un creyente no tiene pecado y señorea sobre el pecado. Por eso, cuando la autoridad y las armas de Satanás han sido hechas añicos, de modo que han quedado reducidos a la nada, ¿creen ustedes que se siente a gusto cuando oye: Has torturado y matado a Cristo; ahora recibes lo que te mereces? Por causa de esto es que el diablo opone resistencia cuando se predica la resurrección. Los príncipes y reyes con sus espadas y los más sabios y papistas eruditos, herejes y fanáticos con sus enseñanzas, se ven obligados a congregarse, porque el diablo sabe que cuando los cristianos ya no consideran el pecado y la muerte confiados en sí mismos sino sólo en Cristo, no puede mantener a Cristo dominado. Entonces es Cristo quien domina y el diablo está bajo sus pies. Cuando el diablo ve a los que creen, tiene mucho más trabajo en qué ocuparse. Cuando el fuego de la fe amenaza conflagrar, es el momento en que él los aflige, incluso hace que las buenas obras sean pecados y siempre mantiene a esas personas dentro del alcance de su visión.

¿No es algo terrible que Satanás pueda hacer que el evangelio no sea predicado? Entonces se apresura a infiltrarse en el corazón e inflamarlo con tanta furia de modo que uno no cree. Porque quienquiera que cree deja a Satanás fuera de combate con sólo chasquear los dedos. Al diablo le duele que una persona, que no es sino carne y sangre, lo menosprecie y triunfe del pecado y la muerte.

Pero nuestros fanáticos y papistas no saben qué es la fe; no tienen tentaciones, por el contrario, el diablo los engatusa para que se consideren santos. Pero si tuviesen al mundo con su sabiduría y al diablo decididamente determinados contra ellos, como los tenemos nosotros, pensarían de modo diferente. En realidad, cuanto más miras al pecado que está en ti, tanto más débil es Cristo en ti. Cuánto menos miras al pecado que está en ti y lo ves solamente en Cristo, tanto más poderoso es Cristo en ti. Los apóstoles enseñaron

(2 Pedro 3:18) que es un arte que debes aprender hasta el día en que mueras, es decir, que cada día confíes en Cristo. Dondequiera que hay un cristiano allí siempre hay tentaciones, como dice San Pablo: "Cada día muero" (1 Corintios 15:31). En tal caso debo decirle al diablo: Yo no sé nada de pecado alguno, pero ahí está Cristo. Los pecados están sobre su cerviz; te equivocas en arrojarlos sobre mi corazón, porque Dios y las Escrituras se los prendieron a Cristo, a quien miro como el que no tiene pecado y sin embargo tiene los míos.

Éste es nuestro principal artículo de fe, al que tenemos que poner énfasis en todo tiempo y aprenderlo. Y yo no soy el único con experiencia en esto, sino que lo he visto también en otros, que el diablo se esfuerza arduamente por arrancar esta imagen de nuestros corazones. Los turcos parecen ser mucho más santos que nosotros porque demuestran amor. El diablo tolera esto muy bien y hasta les da un considerable autodominio, como lo ha hecho también con nuestros sacerdotes y monjes. Todo esto es debido a nosotros. Cuando mantiene estas cosas, ya ha ganado, porque la imagen real ya se ha perdido, es decir, Cristo que a través de la muerte se arrastra a la vida.

Por esta razón hasta deja en paz a las personas rectas, pero a los cristianos no los puede tolerar, a los que se apartan del bien y del mal y dependen de Cristo. Por esto es que dice el diablo: El Señor te recompensará por las buenas obras y te condenará por las malas. Cuando una mala conciencia y el temor atormentan a los cristianos, dicen entonces: Esto no me concierne a mí, porque yo no tengo pecados; Cristo carga con todos ellos. Allí es donde los veo. Él cargó con ellos en la cruz y los sepultó. Pero ahora él vive y ha resucitado. Ciertamente tengo pecados y buenas obras, pero no los considero; miro a Cristo solo. Si nos enseñan que llegamos a ser justos por medio de nuestras obras, entonces arrancan esta imagen de nuestros corazones y denigran a Cristo. Y sin embargo es verdad: Soy pecador, y no soy pecador. Pero ellos dicen: Sólo quiero tener buenas obras. Pero si no me confesare pecador, no tendría a Cristo y no lo necesitaría porque rehusé ser pecador. Por causa de esto, si no quiero ser pecador, entonces lo soy; y por el contrario, si en lo interior soy un pecador condenado pero salgo de allí y entro en Cristo, entonces no lo soy.

Desde su propio punto de vista los cristianos son Judas, Caifás y Pilato y están condenados. Pero hay otra persona que cargó con mis pecados. El Viernes Santo éstos son cargados sobre su cerviz. Pero en Pascua también lo miro, y entonces no tiene ninguno. Él ha ordenado que yo mire mis pecados no en mí, sino en Cristo. Quienquiera que puede hacer esto se ha recobrado de la mordedura de las serpientes (Juan 3:15) y mira a Cristo del modo correcto; porque donde no hay pecado allí hay justicia y vida.

Por lo tanto, el pecado ha sido quitado completamente en la resurrección. Todos debemos aprender hoy que debemos dejar de lado los pensamientos referidos a nosotros y no pronunciar sentencia contra nosotros según nuestros sentimientos. Porque esto es contrario a Cristo y el evangelio, que dice que Cristo ha quitado el pecado de nuestros corazones y conciencias y cargado él mismo con ellos. Es por esto que los apóstoles exaltan incesantemente la resurrección. Nosotros también debemos hacerlo porque la naturaleza pecaminosa es demasiado mala, Satanás demasiado poderoso y la conciencia demasiado lenta como para que aprendamos a mirar a Cristo y no a nosotros mismos.

Esto es suficiente del texto para esta mañana. Ahora debemos implorar al Señor.

Notas

[1]En la traducción de Lutero de este versículo, la palabra "temor" (*erschrickt*) también podría traducirse como "estremecer", lo que sugirió a Lutero un sacudimiento de la tierra.

[2]Al contrario de las traducciones inglesas, la versión alemana de Lutero de este texto dice que los discípulos emprendieron un segundo recorrido desde Jerusalén, en esta ocasión con las otras mujeres, pero no con María Magdalena.

[3]Cita del himno que había publicado en 1524, "Cristo ha resucitado" (LBW 136; LuW 124). Ver también LW 53:255-57.

Domingo de Pascua de tarde 28 de marzo de 1529 La Resurrección de Cristo, una proclamación

Esta mañana oyeron la historia de cómo el Señor resucitó de los muertos, lo cual sucedió este día, y oyeron que no alcanza con sólo escucharlo, saberlo y considerarlo simplemente una historia más. Si llega a quedar simplemente como una obra llevada a cabo porque sí, no beneficia a nadie. En cambio, debe ser predicada y reconocida como un tesoro y don que cada uno recibe exactamente como si le hubiera sucedido a él, de modo que cuando les pregunten, puedan contar lo que Cristo ha hecho hoy. Y la respuesta de ustedes debe ser algo más que: Cristo ha resucitado hoy. Porque el diablo también sabe eso, y hasta los papistas impíos lo predican en todos lados.

Pero un cristiano debe decir más, o sea, que Cristo hizo algo más cuando resucitó de los muertos. ¿Qué es eso? Con su resurrección, Cristo ha logrado lo siguiente: Venció y echó fuera al diablo, hizo que el pecado y toda maldad desaparecieran, y lo hizo de tal manera que el diablo no puede establecer morada en ningún lugar, sino que queda completamente solo. Estas cosas las repito una y otra vez: Éste es nuestro arte; éste es. Si yo fuera Cristo, ordenaría a todos los apóstoles y predicadores a predicar esto con muchísima diligencia. Porque son muchos los que conocen la historia muy bien, y precisamente por causa de ellos quiero que sea proclamada. Porque la conocen solamente según rezan las palabras.

Nuestro sermón es el siguiente: La resurrección de Cristo no es algo que tiene que ver con la ley o la medicina; es un tesoro. Quienquiera que no mire a Cristo de esta manera, no lo conoce. Con su resurrección, Cristo obró la salvación y el perdón de pecados, así como cantamos: "Resucitado, Cristo es aclamado… fuente de consuelo."[1] (CC 76). Pero él no puede llegar a ser esto si no saben qué ha logrado con su resurrección. Es algo que el mundo no conoce. Pero cuando me alegro sobremanera al respecto, como dice en el mismo himno: "Cantad al rey de gloria himnos de victoria", viene a ser una enseñanza completamente diferente de la del predicador de este mundo. Cuando el predicador dice solamente: "Cristo ha resucitado", no tiene para mí más utilidad que si oyera acerca de un príncipe opulento. ¿De qué me sirve eso a mí? Cuando lees: Cristo ha resucitado, añade: Yo con él y tú con él. De esta manera atraemos la resurrección hacia dentro de nosotros y nosotros somos atraídos hacia dentro de ella. Quien no aprende esto, no aprende nada en absoluto. Por esta razón es que la enseñanza del evangelio es diferente de la de Moisés y todos los demás maestros, quienes enseñan cómo se debe vivir pero nada dicen acerca de lo que se nos da.

Es por esto que ustedes oyen acerca de cómo el diablo se opone a esta predicación: Puede tolerar todo, excepto que ustedes reciban este regalo. Pero los cristianos saben que tienen todo lo que Cristo tiene. Y San Pablo puede hablar de esto mejor que cualquiera, como si Cristo no hubiera sido resucitado sino nosotros, excepto que la gloria se la atribuye a Cristo, porque él es la cabeza y lo ha hecho por nosotros (Efesios 1:22; Colosenses 2:10). Es lo que debemos predicar hoy.

Sin embargo, el evangelio nos muestra en una serie de textos, cuán difícil es creer estas cosas. Pero todos los que creen o pudieran creer que es verdad que han resucitado de los muertos y señorean sobre la muerte y el diablo, son llamados reyes, ciertamente Dios mismo. Quienes lo creen ya lo han demostrado; han tenido su lucha enfrentando al diablo y la enfermedad.[2]

Pero la obra de la resurrección queda tan en secreto que nadie se habría enterado si los ángeles del cielo no hubiesen venido a proclamarlo. Y les es dado a conocer a las personas más frágiles de la tierra, a las mujeres. Acerca de esto hemos hablando con frecuencia, que el evangelio es el vehículo o el medio por el cual recibimos este conocimiento. Hay muchísimo que decir acerca de la Palabra hablada o escrita en contra de los fanáticos que la desdeñan y sólo gritan: ¡El Espíritu! ¡El Espíritu! ¡El Espíritu debe estar presente![3]

Ellos son incapaces de recordar que aprendieron que Cristo sufrió, murió y resucitó, por medio de la Palabra. Si no hubieran oído la Palabra hablada ni la hubiesen leído en la Escritura, no tendrían conocimiento de ella. Habiendo cruzado ellos este puente, pretenden ahora arrojar a los demás al abismo. Vean: Después de su resurrección, Cristo también podría haberles dado a las mujeres el Espíritu Santo sin la proclamación oral. La obra estaba lograda, y las mujeres llegaron a ese lugar, entraron a la tumba y la hallaron vacía y descubrieron que Cristo había resucitado verdaderamente.

La obra de la resurrección de Cristo es, por tanto, ciertamente verdadera. Pero los discípulos y las mujeres la explican según su razón: "¡Se han llevado del sepulcro al Señor!" ¿Ven lo que hace la razón? Aunque la obra está frente a sus ojos, si no se añade la Palabra, la tumba queda vacía. Pero los judíos no se lo llevaron, y Cristo ciertamente ha resucitado y vive. Nada le falta a la obra; sólo falta que la Palabra llegue al rescate. Mientras tanto que la Palabra no se expresa, no pueden entender la obra. Dios nos ha mostrado su gracia en esto, que por nosotros ha combinado en la Palabra sus obras y el tesoro, es decir, que señoreamos sobre el diablo. Quienquiera que pretenda buscar sin la Palabra sólo encontrará una tumba vacía, como la encontraron las mujeres y los discípulos. Entonces Cristo estaría aún muerto y se lo habrían llevado, y nosotros ni lo encontraríamos ni lo veríamos por toda la eternidad.

¡Por causa de esto respeten la Sagrada Escritura! Cristo no quiso aparecerse a nadie en su resurrección: La proclamación de la Palabra en forma hablada debía tener precedencia a otra cosa, y por eso vinieron ángeles del cielo, no fuera que sucediese sin la Palabra. Nadie debe intentar comprender a Cristo sino por medio de la Palabra. Los papistas y los fanáticos se oponen a esto. Entre ellos ninguno sabe nada de la resurrección de Cristo. El ángel es el primero que lo proclama, de modo que la Palabra hablada debe tener prioridad. Los fanáticos cometen el error de no considerar dónde han aprendido acerca de la resurrección. En vez de esto, hacen caso solamente a sus propios pensamientos, de que el Espíritu Santo habla aparte de la Palabra. ¡En realidad, Satanás el insufrible sí lo hace! Consecuentemente: ¡Nunca sabremos quién es Cristo y el tesoro que trae consigo si no se lo proclama en el sermón del domingo o en el estímulo dado en el hogar!

Es por esto que las palabras del ángel rezan: "¿Por qué buscan ustedes entre los muertos al que vive?" (Lucas 24:5). Ésta es predicación evangélica, la que los ángeles comienzan tan maravillosamente. ¡No busquen a Cristo entre los muertos! "No está aquí; ¡ha resucitado!" Él está por encima de los muertos; ha ido mucho más arriba. Los muertos son los que están sometidos a la ley y sus obras. No se atrevan a buscar a Cristo allí. Pero a nuestra razón le agrada buscar a Cristo con sus propias obras, como dijo San Gregorio: "Las mujeres buscaron a Cristo con ungüentos costosos, por lo tanto nosotros debemos buscarlo con buenas obras."[4] Pero el ángel dice: ¡Así no lo encontrarán! Y censura la búsqueda de ellas. Todos quienes vienen con sus propias obras tienen a Cristo como un cuerpo muerto. Para ellos no ha resucitado, sino que está muerto. Creen que tienen que hacer alguna cosa buena y no lo quieren como ayudador.

Es por esto que el ángel censura a las mujeres. ¿Cómo? Dice: ¡Yo les declaro a ustedes que él ha resucitado! La palabra les indica que no está entre los muertos sino que ha resucitado. Ésta es la predicación del evangelio, que a Cristo se lo encuentra no mediante obras sino escuchando la Palabra, no por la meditación sino por medio del sermón. Las obras de las mujeres son ciertamente buenas, pero con ellas se pierde la Palabra. Si se pretende conseguir que un cristiano sea una persona justa por medio de sus obras, sólo se logrará que todo se vuelva más perverso.

Este artículo de fe no es para las masas, sino que es un sermón para los cristianos. Los maestros de encumbrada sabiduría de las escuelas, y los reyes, no lo entienden. Pero los cristianos lo entienden, siendo que es para ellos. A esta gente quiero predicar.

Las mujeres son exactamente lo mismo. Vean, debía ser así que la resurrección de Cristo fuera proclamada por el ángel y a las mujeres, que los hombres ciertamente no fuesen los primeros. El predicador es maravilloso; no hay imperfección. No es un apóstol, sino que en su lugar es un ángel del cielo. Él y su sermón no carecen de nada. Por lo tanto, nuestro oficio de enseñar no es frágil tampoco. El ángel cuenta con suficiente poder y sabiduría. Tuvo que ser así para que tuviesen certeza en cuanto a sus palabras. Pero las estudiantes, –las pobres, sencillas, asustadas mujeres, sobre quienes cayó la noticia– son unas tontas ridículas. ¡Todas se olvidaron de la piedra! Van a comprar ungüentos como si fuesen a ir luego a una casa donde todas las puertas están abiertas de par en par. María dice entonces: ¿Qué haremos? ¡Con la guardia allí no conseguiremos nada!

La Escritura dice que el hombre es más fuerte que la mujer en intrepidez y corporalmente.[5] Este sermón del ángel, sumamente glorioso, es dado a conocer al vaso más frágil. ¡Es el santo evangelio, incluso si no se lo predica a los hombres! Quienes debieran escucharlo son personas muy necias. Es un sermón maravillosamente poderoso y seguro, que nunca falla. Quiere decir, no hay carencias en el maestro de la cristiandad o en su enseñanza, sino que los estudiantes son gente pobre y desdichada. Es sorprendente que una persona sea llevada a renunciar a su vida, incluso la mejor, para aferrarse sólo a quien ha resucitado de los muertos. La Palabra es poderosa, cierta y segura porque el ángel la ha hablado. Pero Magdalena sigue siendo Magdalena, y lo mismo sucede con Juana y Salomé. Ciertamente, somos niños, pobres y débiles estudiantes que no creemos que la enseñanza sea de mucho valor, aunque lo es tanto que merece tener nada menos que a ángeles en la audiencia. Pero nuestro comportamiento con respecto a la enseñanza es el de personas frágiles, locas y necias. Es reconfortante saber que las mujeres son el modelo de quienes oyen el evangelio y de aquellos a quienes les es predicado. Aunque son tan frágiles, sin embargo es a ellas a quienes se les predica.

Después del sermón, se les aparece el Señor. Luego ven ustedes en estas mismas mujeres una fuerza maravillosa e invencible que obtienen de la Palabra, la que hace frente, firmemente, a todos los ataques del diablo. No obstante, las mujeres son simples y necias. Por lo tanto, la fragilidad y el poder, las riquezas y la pobreza, se dan cita y son horneados todos juntos. Porque quienes reciben el evangelio son Magdalenas, es decir, son frágiles, y aún así la Palabra que oyen hace pedazos la muerte y el pecado.

Con esto el evangelista quiso dar a entender que el evangelio nos brinda un tesoro inmensamente grande, pese a que también somos débiles, siempre que uno no luche en contra. María significa una "gota en el mar"; Magdalena significa "una torre buena, sólida y fuerte".[6] Es por esto que Juan nombra a María Magdalena, sólo por causa de su nombre. Ella es una María, es decir, no es un balde lleno de agua, sino solamente una pequeña gota; o sea, no es nada en manera alguna, y sin embargo es una Magdalena, quiere decir, cuenta con una torre desde la cual puede sentirse fuerte. Como dice Salomón: "Torre inexpugnable es el nombre del SEÑOR; a ella corren los justos y se ponen a salvo" (Proverbios 18:10). Ella lleva el nombre de Magdalena: una torre puede ser tan sólida que nadie sea capaz de tomarla. Así es también María: una "gota en el mar", una gotita.

Nosotros nos consideramos apenas una pequeña gota de agua. Satanás cuenta con infinidad de lenguas y se tragaría vorazmente medio río Elba. Y sin embargo es tan frágil que no puede hacerlo, porque allí encontrará una torre. La Palabra que trae el ángel es el poder. Por esta causa, cuidemos de mantenernos aferrados a la Palabra. La otra María es la madre de Santiago (que significa: Uno que se refugia), y Salomé (que significa: manantial de paz). Todos los nombres están relacionados con sus aptitudes. Así pues, las mujeres no son guiadas por el Espíritu Santo en vano, de modo que aunque son las estudiantes más frágiles, pese a ello son, fuera de toda duda, las más fuertes.

De ahí que un cristiano tiene el deber de saber cuál es el efecto que esta resurrección tiene en quienes son frágiles. Por esta razón el evangelio debía, en primer lugar, ser entendido con claridad por las mujeres, y después llegar a los apóstoles. Les trajo dificultades porque es tan sublime y glorioso que la razón no lo puede comprender. Si se hubiera dicho: "¡Ayunen por Santa Bárbara!", es algo que todos habrían entendido fácilmente. Pero en vez de esto se dice: "Todo lo que ustedes hacen no es más que necedad y labor mujeril." ¡Las mujeres quisieron ungir el cuerpo del Señor y no lo encontraron! El mundo no tolera que los ungüentos que preparamos con obras tan magníficas, no tengan ningún valor. Por esto dice el ángel: "¿Por qué buscan ustedes entre los muertos al que vive?" Pero el estado de cosas es éste: ¡Ha resucitado! ¡Aférrense, pues, a esto! Yo se lo he proclamado a ustedes.

Hasta nuestros enemigos predican que Cristo ha resucitado de los muertos y con sus bocas proclaman las palabras de San Pablo: "Él fue entregado a la muerte por nuestros pecados, y resucitó para nuestra justificación" (Romanos 4:25). Espero que lo hagan. Pero las conclusiones los trastornan: Si esto es cierto, que con su resurrección Cristo nos ha librado del pecado, la muerte y el diablo, entonces no puedo hacerlo yo. Por lo tanto no es necesario que el sacerdote lea misas por lo muertos y yo haga expiación por mí mismo con obras innumerables. Pero esto no lo toleran, sino que quieren mantener ambas cosas al mismo tiempo, diciendo: "Tú también tienes que hacer tu parte." Pero San Pablo enseña la consecuencia que se llama libertad cristiana. Si creo que Cristo ha cargado con mis pecados, entonces no puedo cargarlos yo. Pero si los llevo yo sobre mí, entonces no los lleva Cristo. Si Cristo los ha cargado sobre sí, entonces no es el tipo de salvador que requiera mi ayuda. La verdad es que si necesita mi ayuda, entonces es un pobre pelagatos y necesitaríamos otro Cristo.

Pero resulta que ellos no toleran esta conclusión que señala San Pablo. La consecuencia de esto debe ser: Si Cristo quita mis pecados, ¿por qué corro al monasterio y me hago cartujo? Pero tú dices: He comprado una misa; he realizado esta y esotra obra; ¿acaso todas estas acciones no sirven de nada? Es una confusión de la que no podemos zafar y por tanto quedamos ahí.

Ésta es la señal de que solamente hablan y cantan acerca de Cristo y su resurrección. Pero tú debes guardarlo. Ahora bien, dicen ellos: Si no obedeces el mandato de la iglesia con respecto al ayuno, las fiestas, la recepción de una sola especie en la Santa Cena, la entrada en el claustro, entonces estás condenado. ¡Sin embargo predican, al mismo tiempo, la resurrección de Cristo! ¿Cómo se combina esto? Respondo diciendo que incluso cuando lo que Dios ha ordenado ("no matarás", y demás) se exige y yo lo cumplo, con todo eso no me salvo. ¿Por qué me enseñas que soy salvo cuando recibo la Santa Cena con una especie sola y cosas semejantes? Solamente Cristo puede ayudarnos. Si puedo ser salvo por medio de la obediencia a la iglesia y las ordenanzas humanas, entonces querré enviar a Cristo de vacaciones.

La gente no quiere tolerar esto o siquiera oírlo. Nosotros también enseñamos que el comportamiento externo de una persona debe ser honroso, pero no que por ello somos declarados justos. Si quieres ser monje, nadie te lo va a impedir. Pero que quieras expiar tus pecados con la casulla, ¿entonces qué ha hecho aquél de quién cantas y predicas: "Él fue entregado a la muerte por nuestros pecados, y resucitó para nuestra justificación?" (Romanos 4:25). Ellos no pueden tolerar esta conclusión. Por causa de esto dice San Pablo: "Y si Cristo no ha resucitado… [ustedes] todavía están en sus pecados" (1 Corintios 15:17). Es por esto que por mucho que lo intentes y quieras zafar del dominio de tus pecados, no lo logras; solamente la resurrección de Cristo puede hacerlo. Cuando dices: ¡Aquella persona llevó una vida de ciudadano ejemplar e irá al cielo, irá, sí, claro, a un cielo imaginario!

Este artículo de fe da por tierra con todo lo que la gente predica acerca del clero, los bienes sagrados, las hermandades, peregrinaciones y todas las demás obras que realiza una persona. Todas estas obras no tienen más valor que el que tiene la buena, simple María Magdalena, que llega caminando de prisa con sus potes llenos de ungüento, y sin embargo oye al ángel decir: Eres una necia buscando al Señor entre los muertos, siendo que deberías buscarlo allí entre los vivos. ¡No sabes a dónde vas! Por lo tanto uno debe elogiar de este modo las obras de las queridas y santas mujeres. Ante Dios, ante el mundo, ante ellas mismas e incluso ante los ángeles, se comportan neciamente. He aquí cómo son representadas estas mujeres: Su intención y su obra son buenas, y sin embargo no les traen ningún beneficio hasta el momento en que oyen el evangelio. Por añadidura, se afligieron por estas cosas hasta que recibieron el evangelio. Es entonces que olvidan los potes y los ungüentos, se olvidan de sí mismas y llegan a ser fuertes.

Quiero que todos los predicadores traten este artículo de fe de manera apropiada. La mayor parte de ellos se quedan estáticos y no saben qué decir. Yo también soy aún un estudiante frágil de esta enseñanza. Yo también me aferro a los potes, el ungüento impío y la tumba y no puedo zafar de su dominio. Pero es así como Dios lo quiere. El sermón es claro; solamente los discípulos son frágiles. Esto en realidad nos reconforta, a fin de que no desesperemos incluso cuando no lo entendemos. Las mujeres ciertamente deberían haber exclamado: "¡Dios sea loado!" Pero en vez de esto sus semblantes se inmutan y piensan: "¿Es verdad o no es verdad?"

Notas

[1]Una referencia a la secuencia de Pascua, muy estimada por Lutero, "Cristo ha resucitado" (LBW 136; LuW 124): "Cristo se ha levantado de la oscura prisión del sepulcro. Suba, pues, nuestro gozo, en plenitud y libertad; Cristo será nuestro verdadero consuelo. ¡Aleluya!

[2]Comp. Marcos 16:17s.

[3]Aquí Lutero reacciona contra ciertos espiritualistas, como Hans Denck, o su colega anterior, Andreas Bodenstein von Karlstadt, quien atacó a Lutero por apegarse demasiado a la palabra hablada o escrita e ignorar al Espíritu.

[4]Gregorio el Grande, *Homiliae in Evangelia*, 21 (PL 76:1170).

[5]Comp. 1 Pedro 3:7 y los comentarios de Lutero acerca de este texto, de 1523 (LW 30:91-93).

[6]Lutero deriva estas etimologías de Jerónimo, *De nominibus Hebraicis* (PL 23:789). Las palabras que Lutero utiliza (*Schloß* y *Turm*) son reminiscencias de "Ein' feste Burg" ("A Mighty Fortress" ["Castillo fuerte"] LBW 229; LuW 297).

Lunes de Pascua de mañana 29 de marzo de 1529 La Resurrección de Cristo, y la muerte con referencia a la ley

Ayer oyeron ustedes primeramente el relato de los acontecimientos de la Resurrección, relato al cual pertenece también este texto (Lucas 24:13ss), porque también acaeció en Pascua. Después oyeron lo que uno debe aprender y creer acerca de la resurrección del Señor y cuáles son la bendición y el tesoro que obtenemos. Además, oyeron cuán difícil es creer, no por la obra –porque ésta es cierta y se proclama– sino porque nadie la ha visto y antes de ser vista es obrada sólo por medio de la Palabra. Es difícil de creer porque las personas son muy frágiles.

"El sol aún no había salido" ["antes del día" RV], es decir: Era aún una cuestión de entendimiento entenebrecido o de cuento de viejas.[1] La mayoría de la gente aún lo considera una historia sin importancia, aunque también cantan y confiesan con los demás. No obstante, lo más probable es que siga siendo para ellos un cuento de viejas. Satanás y la oposición de este mundo aportan su ayuda, con el resultado de que Satanás, el mundo y los jefes de los sacerdotes se oponen a esta obra, la resisten con todo su poder y le dan dinero a los soldados para que esta obra de la resurrección no sea cierta.

En cuanto a la piedra, Marcos dice que "era muy grande" (Marcos 16:4). Esto también obra en oposición a la resurrección. La piedra significa la incredulidad de nuestros corazones, que no podemos creer que Cristo ha resucitado, como se dice en alemán: "Me pesa sobre el corazón como si tuviera una piedra encima", vale decir, si no tuviese esta carga, podría creer. Además, están los guardias y el sello, para que nadie toque la piedra. Para las pobres mujeres Cristo de ninguna manera está muerto, aunque ellas no lo saben, pero para los judíos está bien muerto. Los guardias son levitas, es decir, los sacerdotes que han predicado la ley y por tanto mataron a Cristo. Porque es creencia de los judíos y turcos, que ellos no necesitan la obra de Cristo. Así como dicen también que el Señor no resucitó, sino que los discípulos fueron y se robaron el cuerpo.

Así pues, tienen el sepulcro vacío, es decir, una Escritura vacía, mirando siempre fijamente y sin embargo no queriendo confesarlo a él que yació allí dentro, a quien mataron. Por lo tanto la gran piedra sigue sobre sus corazones. Pero para los cristianos el sepulcro está abierto y el sello roto. La gran piedra ha sido quitada y ahora la Escritura que habla acerca de Cristo nos lo confirma. Todos los calabozos en los que aprisionaron la conciencia y encerraron a Cristo están abiertos. La ley no puede aprisionar a los cristianos. El cristiano domina la ley y las obras, cuenta con el regalo de la resurrección de Cristo, la cual no está sujeta a la ley sino que la domina perfectamente. Cristo no le debe nada a la ley sino que es Señor de ella. Si somos cristianos, dice San Pablo (Colosenses 3:1), hemos resucitado con Cristo. ¿Por qué, entonces, habríamos de dejarnos aprisionar con leyes?

Incluso hoy luchamos contra el papa, porque no permitimos que a nuestra conciencia se le imponga ninguna ley. El papa y sus seguidores son como los judíos: Para ellos Cristo está muerto por causa de las obras que agobian al pueblo. Aun si la resurrección de Cristo se sigue predicando, para ellos sin embargo sigue estando muerto. Pero no debe imponerse ninguna ley a la conciencia del cristiano. No estoy hablando de carne y sangre,[2] porque los impíos entienden de este sermón que no necesitan hacer nada. Pero en la carne debo estar sujeto a todas las leyes, a los padres, a un gobierno cristiano, y aun así en mi conciencia no estoy sujeto a ninguna ley. En vez de esto, debo cernerme muy alto encima de todas las leyes. De otro modo no se entiende la resurrección de Cristo, que la piedra ha sido quitada, que el sepulcro está abierto y los sellos rotos. Cristo no estuvo aprisionado debajo de la "piedra",[3] ni lo están los cristianos. Los cristianos nunca deben permitir que esta piedra esté encima de sus corazones. No debe hacerse de Cristo un maestro de la ley, como ha hecho el papa.

Para los oídos de los que no entienden la fe, esto suena del todo como producto de la imaginación. Porque un cristiano está obligado a creer que el pecado queda ahogado en Cristo, que Cristo ha resurgido y aniquilado los pecados. Pero si los cristianos siguen dominados por la ley, entonces también siguen dominados por el pecado y la muerte. Es por esto que todo debe ser eliminado juntamente. San Pablo tiene la habilidad de explicar este asunto a los cristianos, y yo deseo que todos los predicadores pongan énfasis en este artículo de fe, y lo hagan con gran diligencia, como San Pablo, a fin de que la conciencia esté libre de la muerte, del pecado y de Satanás en el reino de los cielos, como Cristo le dice al criminal: "Te aseguro que hoy estarás conmigo en el paraíso" (Lucas 23:43). Si el pecado no queda abolido, en ese caso tampoco la muerte. Pero en realidad Cristo quitó el pecado. Y si el pecado queda abolido, entonces la ley también, porque la ley es la causa del pecado.

Durante todo el tiempo que el sentimiento de pecado continúe siendo parte de una persona, la ley seguirá gobernando el corazón humano si la "piedra" no se quita del sepulcro. La ley debe desaparecer de la presencia de los cristianos, es decir, la ley, que los hace avergonzarse, no debe inquietar sus conciencias. Pero a la ley le corresponde estar allí donde dice: ¡Asno! ¡No harás esto! Pero en la conciencia, Cristo ha resucitado del pecado, de la muerte, de la ley, y de la "piedra", siendo que domina todas las cosas que pueden afligir la conciencia humana. En tanto que la conciencia sienta espinas y aflicciones, hay carencia de fe.

Cuando Cristo resucita, la piedra de la ley sigue estando allí hasta que llega el ángel e indica, por medio de la predicación, que ha sido quitada, y él se sienta encima de ella. Según la naturaleza pecaminosa eres siervo de todas las leyes, incluso las malas, como dice Cristo: "Si alguien te pone pleito para quitarte la capa, déjale también la camisa" (Mateo 5:40). No es un sermón para la naturaleza pecaminosa. Los fanáticos dan por sentado que se aplica a la libertad de la naturaleza pecaminosa. Pero los cristianos soportan todo lo del mundo; sólo en la conciencia son libres y confiesan la resurrección de Cristo, que Cristo domina todo. Por medio de la resurrección aprenden que su conciencia ya no está agobiada, porque ésta siente y sabe qué cosa no es verdad y se opone a Cristo. Pero la piedra ha sido quitada. Tú quizá piensas que crees en Cristo. Pero la piedra y la voz del ángel dicen otra cosa: "¿Por qué buscan ustedes entre los muertos al que vive?" Todavía sigues pensando que él está muerto, es decir, ¿por qué crees que eres pecador y que estás sometido a la ley? Te comportas como si Cristo estuviese aún en la tumba. Pero ahora, "en él también fueron [ustedes] resucitados", como dice en Colosenses 2:12, para que nadie domine su conciencia.

Si el papa dice: ¡Durante la Cuaresma coman pescado, pero nada de carne, por obediencia y por la excomunión!, respondan: Sí, claro, puedo hacerlo como una imposición a mi "viejo hombre", pero rehúso imponérselo a mi conciencia. En esto mi conciencia debe continuar siendo libre; hay aquí otro hombre que me ayuda. Si actúo conforme a sus órdenes, señor papa, no seré mejor persona por eso, y si las desobedezco, no saldré peor parado. Pero lo haré por causa de usted, justamente como cuando Moisés dice: ¡Obedezcan a sus mayores! Sí, lo haré, con gusto se lo impondré a mi "viejo hombre". Pero si pretende que se lo imponga a mi conciencia, ¡eso no lo permitiré! No dejaré que la "piedra" descanse sobre mi corazón. Si obedezco a mis padres, no por eso soy mejor.

De la misma manera, si ya no estoy sujeto a la autoridad de ellos, no la paso peor por eso. "Sólo una cosa es necesaria" (Lucas 10:42). Existe uno que ha librado la conciencia de todas las demás leyes. De ser necesario, lo haré hasta el punto de no forzar mi conciencia. De otro modo, romperé el sello en mil pedazos y arrojaré lejos la piedra, con la cual quieren agobiar mi conciencia. No toleraré que la piedra, que ha sido quitada, sea colocada nuevamente a la entrada del sepulcro. Porque al decir, "si haces esto serás salvo", lo que pretenden es apartarme de Cristo, para que lo niegue. Pero prefiero negar al papa. Si mis padres me imponen la obediencia por causa de la conciencia, diré: Por este motivo no seré obediente, porque ustedes meten por la fuerza la obediencia dentro de la conciencia del cristiano.

Consecuentemente: No debe haber otro consuelo o certeza que ésta, en conformidad con lo que cantamos: "Cristo quiere ser nuestro consuelo verdadero."[4] Por esta causa no tolero que además de Cristo se imponga algo más a mi conciencia. Con muchas palabras lo quiero inculcar en ustedes: La enseñanza de los cristianos es aprender a distinguir entre la mano y el corazón. No le damos plena libertad a la mano sino que le imponemos muchas leyes. Pero el corazón es ajeno a cualquier dominación porque ha muerto con referencia a todas estas leyes. Debido a que Cristo, quien no cometió pecado alguno y ha dado por tierra con todo, ha resucitado, por tanto también nosotros somos libres. Si el diablo no puede acusar a Cristo de pecado alguno, tampoco puede acusarme a mí. Si Cristo no está sujeto a nada, en ese caso nosotros tampoco, porque su resurrección es la nuestra. Todo depende de que aprendamos que la resurrección de Cristo es la mía. Entonces puede concluirse que si no le puede suceder a Cristo, tampoco me puede suceder a mí.

Pero lo que falta es la fe. Las mujeres y los apóstoles son frágiles, y el sol aún no ha salido para ellos. Consecuentemente: El cristiano debe estar contento permanentemente, como dice San Pablo: "alégrense siempre en el Señor" (Filipenses 4:4). Para los demás Cristo está muerto aunque ha resucitado. Siendo que ellos no ven cómo es que la resurrección de Cristo es la nuestra, no pueden entenderlo y no pierden el sueño con esto. Por esta razón es que siguen siendo hipócritas imbuidos de una justicia basada en las obras. Consecuentemente hasta el turco vive una vida hermosa, excepto por la fornicación.[5]

¡Pero, fuera con la santidad de ustedes, como el criminal en la cruz! Ciertamente el criminal pertenece al reino de los cielos por la Palabra: "¡Te aseguro que hoy estarás conmigo en el paraíso!" De esta manera entra al paraíso. Él deja que su cuerpo y su justicia pendan de la cruz. Por lo tanto está en el paraíso con Cristo mediante su resurrección. Ese criminal va más allá de la justicia que hay en la tierra –de otro modo el otro criminal también habría sido salvado– y se aferra a quien no está sujeto a ninguna ley. La justicia terrenal fenece y no pasa la prueba. Pero debe haber uno que domina la muerte y el diablo por toda la eternidad. Por esta razón San Pablo no tolera que los cristianos vacilen en su conciencia. El saber más grande es: El cristiano debe estar protegido para que nadie le endose una ley a su conciencia y corazón. Debes contar con este conocimiento si quieres creer en Cristo. Esto es superior a cualquier ley. Si cien mil pecados se te tiraran encima hoy, aún así debes decir que nada tienes que ver con ninguno de ellos porque Cristo, quien no está sujeto ni al pecado ni a la muerte, ha resucitado de los muertos.

Si la razón pudiese tan sólo considerar esto como cierto, debería reflejarse en Cristo, no en sí misma, y decir: Si mi Cristo no tiene ni pecado, ni castigo, ni muerte, entonces yo tampoco los tengo. El cuerpo percibe el castigo, pero la razón inmediatamente trata de escapar. Si alguien pudiese crear un "firmamento en medio de las aguas" (Génesis 1:6), entonces la conciencia podrá decir que no puede cometer pecado, como afirma San Juan: "Ninguno que haya nacido de Dios practica el pecado" (1 Juan 3:9). ¡Ser cristiano y cometer pecados es imposible! ¿Por qué? Porque Cristo no puede pecar y su resurrección es la mía. Pero si los cristianos sienten que pecan, entonces para ellos Cristo está muerto.

Esto queda dicho de la "piedra", esto es, de nuestra conciencia que nos engaña y le da una mano al mundo y al papa. Y el papa también deja su marca en ella, como queda escrito en Apocalipsis 13:16, y considera a Cristo muerto. Y así como los guardas acusan a los discípulos de haber robado el cuerpo de Cristo, del mismo modo los papistas nos difaman a nosotros, de manera que para ellos debemos ser los ladrones que robamos a Cristo y encubrimos la Escritura. Y así como a los soldados les dieron dinero en gran cantidad, del mismo modo el papa ofrece con liberalidad dinero y capelos cardenalicios. A fin de enriquecerse inmediatamente, pretenden escribir acusándonos de interpretar la Escritura falsamente. De este modo roban a Cristo, y así sigue hasta el día de hoy. De manera que los papistas se encargan de robarlo, pero dicen que nosotros montamos un engaño. Nosotros no recibimos dinero alguno, pero estos "zanahorias"[6] lo toman y escriben lo que la gente quiere oír, que nosotros debemos ser los falsificadores de la Escritura.

Como lo expresa San Pablo: "Mediante la ley he muerto a la ley, a fin de vivir para Dios" (Gálatas 2:19), es decir, no conozco ni pecado ni ley. Justamente así como Cristo no es incomodado por ningún papa o emperador, sino que es Señor de todo, así también lo soy yo, según mi conciencia y corazón, pero no según el cuerpo. Es un sermón de confortación para la conciencia, a fin de que no se deje que Cristo yazga en la tumba debajo de la piedra.

Notas

[1]En este sermón Lutero utiliza la alegoría para dar a conocer el significado de la resurrección a sus oyentes. Lutero utilizó la alegoría toda su vida como una ayuda para la predicación e interpretación de la Biblia. Rechazó la alegoría disparatada que no estaba basada en la fe y la palabra de Dios, y evitó usarla en debates teológicos.

[2]Aquí y en el próximo sermón Lutero alude a la sustancia de una disputa entre dos maestros del bando evangélico, que habían sido sus discípulos: Juan Agrícola, maestro de la escuela de latín en Eisleben, y Felipe Melanchton. En 1527 Agrícola había atacado los Artículos de Inspección Sajones (instrucciones para los inspectores oficiales de las iglesias de Sajonia, escritas por Melanchton y revisadas por Lutero) en base a que volvían a introducir la manera medieval de entender la penitencia, y enseñaba que el pesar por el pecado surgía de la predicación de la ley y no del evangelio. Lutero apoyó a Melanchton pero consiguió reconciliar a los dos hombres. Sólo diez años después la antinomia completamente desarrollada de Agrícola [antinomianismo] condujo a una ruptura final con Lutero.

[3]Literalmente: "No estuvo aprisionado debajo de la *quippe.*" Lutero se refiere a la traducción latina de Marcos 16:4, "Erat quippe magnus valde" (era *ciertamente* muy grande"). Nosotros hemos aceptado la sugerencia de Mülhaupt, p. 364 nota 154, y lo tradujimos como "piedra".

[4]Una referencia a la secuencia de Pascua, "Cristo ha resucitado" (LBW 136; LuW 124).

[5]Lutero piensa en la práctica de la poligamia.

[6]El apodo dado por Lutero a Juan Cochlaeus, el teólogo de la corte del duque Jorge de Sajonia, quien le pagó para escribir contra Lutero.

Lunes de Pascua de tarde 29 de marzo de 1529 Cristo resucitado se aparece a María Magdalena (Juan 20:11-18)

Esta mañana hemos oído el evangelio con el cual trataremos ahora (Lucas 24:13ss). Pero en primer lugar diremos algo más con referencia a las historias precedentes. San Juan relata cómo María Magdalena permaneció junto al sepulcro, vio al Señor, pero supuso que era el jardinero hasta que el Señor habló y la llamó por su nombre. Entonces lo reconoció, cayó a sus pies y quiso tocárselos como acostumbraba hacerlo. Pero el Señor dice: "Suéltame, porque todavía no he vuelto al Padre" (Juan 20:17). Ahora predicaremos con referencia a esto.

Ayer y hoy oyeron ustedes que la historia de la resurrección de Cristo llega a conocerse por la Palabra sola. Los ángeles la proclamaron a las mujeres, quienes a su vez la proclamaron a los apóstoles. Y sin embargo, sin fe esta Palabra se predica en vano. Aun si las mujeres hubiesen creído, de todos modos los discípulos la habrían calificado de cuento de viejas. Así, incluso hoy sigue siendo cuento de viejas si no la acompaña lo siguiente: Cristo aparece y se hace oír. Sin embargo, ayuda hasta por ahí nomás. Jesús se aparece a María Magdalena, a las mujeres, a Pedro, y aún así sigue siendo un cuento de viejas, según se expresa Tomás: "Mientras no vea yo la marca de los clavos en sus manos, y meta mi dedo en las marcas y mi mano en su costado, no lo creeré" (Juan 20:25).

Incluso si aceptamos todas las demás doctrinas, y este artículo de fe acerca de la resurrección de Cristo no encuentra entrada completa a nuestros corazones, el evangelio no echará raíces. De esta enseñanza no se habla solamente, sino que también se presenta el Señor, y aún así no sirve de nada, excepto entre los suyos. Es decir: Se predica el evangelio, sumado a esto aparece el Señor y se deja ver por los apóstoles y todavía falta algo. Es decir, el evangelio avanza con dificultad y encuentra oposición por parte del diablo. No obstante, hay consuelo, como en este texto. Al ser predicado por el ángel y las mujeres, deja de ser algo externo. Le sigue el Señor y aparece, quiere decir, el Espíritu le pisa los talones.

Y ésta es nuestra jactancia contra los entusiastas que dicen que el evangelio es solamente letra y palabra hablada.[1] Indudablemente, es verdad: La palabra que el ángel y las mujeres expresan es palabra que sale de la boca. Pero de esta Palabra se infiere que el propio Señor se aparece a María Magdalena, a los discípulos, a Pedro y a las mujeres. Por cierto que no queda fuera donde se predica la Palabra. Así también en el evangelio de hoy: Al comenzar los discípulos a hablar, el Señor no está lejos. Quiere decir que la Palabra no queda sin llevar frutos, sin importar quién quiera impedirla o inhibirla.

Por causa de esto todos debieran escuchar gozosamente el evangelio, porque los frutos no dejarán de aparecer. María Magdalena tiene la Palabra, y las mujeres y los discípulos la tienen, y aunque ellos también dudan, a pesar de eso el Señor viene a ellos. ¡Tan sólo no escuchemos a los guardas y los fanáticos que nos quitan la Palabra! Si tan sólo te aferras a este "cuento de viejas" –no importa lo que parezcas–, ésta no quedará sin llevar fruto, y Cristo vendrá a ti así como se apareció a María Magdalena. Pero si hemos perdido la Palabra, nos imaginamos que ya no somos frágiles sino enteramente fuertes. El relato nos dice esto: María Magdalena ciertamente oyó el sermón y aun así siguió siendo frágil. Pero siendo que, no obstante, era la Palabra, el Señor se apareció a ella.

Escuchemos solamente al predicador confiable, que dice: "¡Suéltame!" ¡Quienquiera que desee escuchar un sermón, preste atención a esto! Pero el texto que reza: "porque todavía no he vuelto al Padre", no lo puedo interpretar tan a fondo como debiera ser. Hay quienes[2] interpretan las palabras del modo siguiente: Cristo no quiso que lo tocasen porque María Magdalena aún no creía. Ella pensaba que él volvía a la vida en la que previamente se había manifestado y que por tanto debía quedar con ellos. Cristo dice: Ya no me han de tocar como suelen hacerlo los amigos. No necesito tu ungüento.[3] Así pues, con estas palabras se despide de todas las cosas de la tierra. La cuestión es que Cristo se ha ido, como dice Isaías 53:8: "Fue arrancado de la tierra de los vivientes." Se hace una distinción entre Cristo y este mundo. Están separados.

Este texto concuerda necesariamente con lo que dije precedentemente, ¡sólo que sin confusión![4] "¡Suéltame!" Suéltame, porque aún te encuentras sometida al dominio de la ley y del pecado; no me gustas; no puedo aguardarte. Es un sermón muy vehemente. Hay una gran diferencia entre Cristo y una persona mundana: No existe contacto entre ellos, no hay compatibilidad, no se corresponden. Pero después, cuando llegaron las otras mujeres, él permitió que lo tocasen (Mateo 28:9). La vida cristiana no consiste en la manera en que se obedece a los padres. Eso es parte de esta tierra y no alcanza al cielo. En realidad, uno debe hacerlo, ¡y Cristo hasta lo ordena! Sin embargo, él dice: Nada tiene que ver esto conmigo. Tengo cosas más importantes que hacer. ¿Por qué? Respuesta: "Porque todavía no he vuelo al Padre."

San Juan agrega esto para que no se estén buscando un sinnúmero de explicaciones de por qué Jesús no permite que lo toquen. En lo que concierne a su persona, ya había vuelto al Padre, pero por causa de tu persona aún no había ascendido. No puedo predicar como realmente quisiera hacerlo. No puedo desarrollar con suficiencia la obra de la resurrección de Cristo en nosotros, y sin embargo Cristo dice todas estas palabras para nuestro beneficio. En otras palabras, él también podría haber dicho: "Suéltame, porque aún no he ascendido por ti." Porque María Magdalena no había renunciado aún a las cosas terrenas completamente y no se había entregado del todo a Cristo. Cristo quiere distribuir su resurrección entre nosotros. Con María Magdalena utiliza el "yo" a fin de que el cristiano siempre deje que la tercera y primera persona del singular sean una unidad y las combine para que Cristo no sea tomado en cuenta simplemente por su persona, sino como el Cordero de Dios que quita nuestros pecados. Por esto, cuando Cristo dice "yo", siempre debemos considerar que nos concierne a nosotros.

Por lo tanto, en este texto María Magdalena y todos quienes son de la naturaleza humana, son echados, y sin embargo, todavía no es rechazada. Debía seguir obedeciendo porque aún deambula por esta tierra y debe trabajar. Pero él se encuentra más arriba, como el texto siguiente lo da a entender:

"Ve más bien a mis hermanos" (Juan 20:17). Para ella era la despedida. Ahí había rehusado lisa y llanamente tener algo que ver con nosotros. Pero ahora dice: "Ve más bien a mis hermanos." Ambas actitudes son totalmente contradictorias. Primeramente, no permite que lo toquen, y ahora quiere ser hermano. De manera que si somos sus hermanos y hermanas, no sólo debemos tocarlo, sino abrazarlo. ¡Es un sermón increíble! Primero dice: "María Magdalena, levántate, no me agradas", y luego la llama su hermana querida. Esto estuvo expresado excelentemente. Por esta razón, compón este texto en letras doradas, porque en él está el evangelio. No puedo predicarlo como lo merece. "Y diles: 'Vuelvo a mi Padre, que es Padre de ustedes; a mi Dios, que es Dios de ustedes'" (Juan 20:17). Presten suma atención a lo que aquí se dice: Cristo, quien había muerto y fuera sepultado, ha resucitado ahora de los muertos, ha dejado esta vida y no tiene hermanos ni hermanas y ciertamente no reconoce a nadie. Aquí encontramos obviamente una distinción muy clara: "A nadie tengo en la tierra", y sin embargo ahora dice: "Mis hermanos." De esta manera deben quedar unidas la naturaleza terrenal y la celestial. Quienquiera que desee ser cristiano, aprenda estas palabras: ellos son "mis hermanos". Escríbelo con las letras más grandes, para que lo sepas.

¿Qué significa "hermano" o "hermana"? En el mundo es así: Si en un hogar hay muchos hermanos y hermanas, no se inquietan demasiado si uno de ellos muere (porque uno recibe entonces una herencia más grande). Pero aquí Cristo busca a sus hermanos y hermanas. Todos los discípulos habían huido, dejándolo, y difícilmente pensaban que eran dignos de ser sus siervos (comp. Lucas 15:19) debido a su traición. ¡Y cuán felices son ahora! No se atrevían a esperar tanto de él. Y Cristo levanta a María y le dice: "Ve más bien a mis hermanos y diles", etc.

Esta palabra ciertamente debería resucitar 300.000 muertos de debajo de la tierra. ¡Si tan sólo pudieran creerlo! Las palabras están, sólo hay que creer. ¿Pero cómo? Pedro, que negó al Señor, y los demás, apostataron. ¿Mediante qué clase de recursos se hicieron merecedores? ¡Mediante negaciones y apostasía! Compara la palabra "hermano" con sirviente o guardián de una puerta. Si son sus hermanos y hermanas, entonces se sientan en la misma silla con poder y derecho similares, sólo que él es "el primogénito entre muchos hermanos" (Romanos 8:29), por el cual todos los demás llegarán a ser tales. Tienen igual derecho a la herencia, es decir, a la propiedad. "Hermano" trae eso consigo. Si es "hermano, entonces no es señor, siervo o enemigo.

¿Dónde, en la Escritura, puede hallarse una declaración más enérgica que ésta? Si el rey de Francia o de Inglaterra me dijeran: "¡Ven, tú serás mi hermano!", y lo dijesen con toda seriedad, entonces yo pensaría: "¡Todo lo que les toca a los hermanos del rey, me debe tocar a mí! Donde el rey se sienta, come y duerme, allí puedo hacerlo yo también." Pero lo que falta aquí es que nadie considera quién es que habla esta palabra en el evangelio. De este "hermano" procede un Señor tal que nadie es capaz de comprenderlo.

¿Qué es Cristo, entonces? Aquí lo encontramos: La mayor gloria se encuentra en la palabra "mis hermanos", como lo expresa Hebreos 2:11: "Por lo cual Jesús no se avergüenza de llamarlos hermanos." Pero si somos hermanos y hermanas de Cristo, entonces poseemos la misma herencia, propiedad y derechos que él tiene, sólo que con esta excepción, nosotros no somos su persona y naturaleza. No somos el Cristo y sin embargo nos encontramos en el centro de los mismos bienes y derechos que él posee.[5] Ésta es la razón por la que a él se lo llama "el primogénito entre muchos hermanos" (Romanos 8:29). Consecuentemente, los otros vienen después de él, y sin embargo reciben los mismos bienes aunque no son de la misma naturaleza, porque por naturaleza no somos un hijo de Dios, sino que estamos liberados de pecados. Pero todo, excepto su naturaleza, es nuestro, o si no este texto miente.[6]

En asuntos de este mundo, hay quien dice: "¡Ojalá no fuera mi hermano!" En un caso así, nadie se alegra de tener un sinnúmero de "parientes", porque cada uno de ellos quisiera tener la herencia para sí mismo. De modo que deberá surgir del corazón –un corazón liberado, íntegro–, para que alguien permita no sólo a un hermano o hermana, sino incluso a un enemigo, a tener parte en la herencia. El mundo ciertamente desea precisamente lo opuesto, es decir, que los hermanos y hermanas mueran. Es considerado ya como una virtud extraordinariamente grande ante Dios, que alguien quiera que vivan. Pero si uno es el dueño de la herencia y luego dice: "Quiero considerarte como hermano, como hermana, ¡sé igual a mí!" Mira, esto es lo que Cristo hace: "¡Ve más bien a mis hermanos y diles!" Estoy separado de ustedes en la tierra; soy diferente, no soy mortal, pero yo señoreo sobre la muerte. En las palabras "mis hermanos" se encuentra esto: Todo lo que poseo, todo aquello que por derecho es mío, eso también lo poseen ustedes, excepto la persona y naturaleza de Cristo.

Quienesquiera que crean esto, creen que señorean sobre todo lo que es pecado y muerte, y el diablo. Si Cristo aceptó como hermanos a quienes recibieron la Palabra que les llevó María Magdalena, y creyeron que Cristo tiene derechos sobre la ley y la muerte, entonces el cristiano es soberano desafiante frente al pecado. Esto es lo que otorga la palabra "mis hermanos": La Epístola a los Hebreos (2:11) lo ensalza grandemente: "Por lo cual Jesús no se avergüenza de llamarlos hermanos." El autor de la carta a los Hebreos reflexionó cuidadosamente al respecto, de modo que basó todo en la Palabra.[7]

Por tanto, considera diligentemente esto que Cristo dice: "Suéltame, porque todavía no he vuelto al Padre." En resumidas cuentas, quiere decir: María Magdalena, tú aún no me consideras como quien en realidad soy. Me consideras un legislador. Quieres acercarte a mí con tus obras. Pero yo vuelvo al Padre para que aprendas a diferenciar la naturaleza física aquí en la tierra con toda su justicia, de mi naturaleza. Tomo una naturaleza diferente y "vuelvo a mi Padre, que es Padre de ustedes."

Con estas palabras describe qué clase de bienes, herencia y derechos posee, es decir, "vuelvo", lo que equivale a decir, soy Señor de todo. Nadie sujetará ni al Padre ni a mí al dominio de la ley, el pecado, la muerte o el diablo, porque yo vuelvo al Padre. Quienquiera que pueda sobrepujar al Padre, sobrepuja a Cristo y sus hermanos y hermanas también. ¡Que el diablo lo intente! Si Cristo vuelve al Padre, quiere decir que el Padre, Cristo y sus hermanos y hermanas se cuecen en una misma torta. Es una declaración excelente, para que sepamos que hay algo más elevado en el entorno del cristiano que sólo el conocimiento de asuntos terrenales. Al decir él que vuelve a su Padre y al Padre de sus hermanos y hermanas, deben estar entonces todos juntos en el reino de los cielos, porque son parentela. Quienquiera que cree esto es cristiano. ¡Si tan sólo creyésemos que es verdad, que somos los hermanos y hermanas de Cristo! Sólo que nosotros no persistimos en estar junto a él, porque dice: "Yo no quiero lo de ustedes, pero ustedes, ¡tomen lo mío! Ustedes no me erigen en hermano de ustedes, pero yo los erijo a ustedes en mis hermanos y hermanas. Ustedes no querrán darme algo, sino que es al revés."

Por lo tanto, en sus corazones los cristianos deben dominar el mundo, la ley, el diablo y la muerte, los que no deben tocarlos. Si éstos nos tocan, no somos cristianos. Leemos, "a mi Padre": Él es Señor de todo, de modo que nada predomina sobre él y consiguientemente es nuestro hermano. Así pues, considera quién es éste, que habla así, y luego considera cuáles son sus bienes. Por lo tanto, todo lo que en la tierra tiene que ver con buenas obras y méritos no debe interferir con Cristo, de lo contrario perderán ustedes a Cristo como hermano. Es necesario, entonces, que aferren este mensaje y acepten de buena gana sus bienes y derechos. San Pablo es un maestro en interpretar estas palabras, como en Colosenses 2 (vv. 12ss), y aun así hasta a él le faltan las palabras. Piensen en lo que implica la palabra "hermano" o "hermana", y sin embargo esto se ofrece a personas que no son familia. El cristiano que lo cree debe, basado en este texto, sentirse seguro y feliz. Nada falta en estas palabras que el propio Señor habla y ordena. Lo que falta es nuestra fe.

Notas

[1]Espiritualistas como Hans Denck, quienes enseñaban que el Espíritu Santo predominaba sobre la Palabra externa, o Andreas Bodenstein von Karlstadt, quien minimizó la letra de la Escritura en favor de una autoridad sin mediación, del Espíritu.

[2]Ésta fue particularmente la opinión de Juan Crisóstomo en sus *Homilies on the gospel of John* [Homilías acerca del evangelio de Juan] (NPNF, ser. 1, 14:324). En el mismo lugar, en sus *Tractates on John* (Cuadernos acerca de Juan] Agustín pone el énfasis, al igual que Lutero, en la importancia de la fe (NPNF, ser. 1,7:437-38).

[3]Comp. Lucas 7:36-50 y 8:2. Lutero, al igual que la mayoría de sus contemporáneos, aunó todas estas historias como parte de la vida de María Magdalena.

[4]Ver el sermón anterior, en que Lutero alegoriza el texto.

[5]Lutero utiliza aquí uno de sus modos favoritos de tratar la expiación, el "intercambio gozoso", en el que Cristo intercambia su justicia por el pecado del creyente. Como ejemplo, ver su cuaderno, *The Freedom of a Christian* [La libertad del cristiano] (LW 31:351-52).

[6]En un sermón del Domingo de Pascua, 5 de abril de 1523, Lutero expuso ampliamente la idea de Cristo como nuestro hermano y la herencia que él provee. Ver Lenker 2:217ss .

[7]Comp. Hebreos 2:12-13, en que el autor cita el Salmo 22:22 e Isaías 8:17-18.

Martes de Pascua de mañana 30 de marzo de 1529 Cristo resucitado comisiona a los discípulos (Juan 20:19-20)

En estos dos días oyeron ustedes cómo debe aplicarse en nuestra vida la historia y la obra de la resurrección a fin de aceptarla. Este evangelio (Juan 20:21-29) hace eso también. Aquí Cristo les ordena a sus discípulos que confíen, porque el Padre lo envió, y acto seguido les da el Espíritu Santo.

"A quienes les perdonen sus pecados, les serán perdonados; a quienes no se los perdonen, no les serán perdonados" (Juan 20:23). Hablemos un poco acerca de este texto. Él dice: "Yo los envío a ustedes" (v. 21), y les da el Espíritu Santo. Durante el dominio del papa, se atrevieron a tomarse la autoridad de perdonar o no perdonar pecados sin haber predicado el evangelio. Surge la pregunta que si quienes no tienen el Espíritu Santo tienen poder de perdonar pecados. Porque aquí está escrito: "¡Reciban el Espíritu Santo!" (v. 22). La voluntad de Cristo no fue instituir esta obra sin el Espíritu Santo. Sin embargo, ¿qué haremos con aquellos que no tienen el Espíritu Santo? Es también una buena pregunta hoy día. Muchos se ofenden con esto y dicen: "Los malvados no pueden predicar el evangelio." Primeramente vinieron los donatistas con esta opinión, y hoy son los anabaptistas.[1] Creen, equivocadamente, que si el sacerdote es impío, no puede predicar el evangelio o administrar los sacramentos. Quienquiera que sea impuro, dicen, no puede hacer puros a los demás; quienquiera que tenga manos impuras, no puede lavar las impurezas del mundo.

Ustedes respondan así: Es, ciertamente, la más grande verdad que el oficio del Espíritu Santo pertenece sólo al Espíritu Santo, y hasta el punto en que el Espíritu Santo está presente, hasta ese punto hay sangre y sacramento. Pero el evangelio siempre ha estado incluso entre los opositores. Los papistas también predican el texto, aunque lo combaten y además lo interpretan según su propio entendimiento. No obstante, el texto del Bautismo y del Sacramento del Altar, el oficio de la predicación y la ordenanza del Espíritu Santo se han mantenido entre ellos. Hasta el punto en que estas cosas estén presentes, el perdón de pecados y los dones de Cristo también seguirán como consecuencia. Por esto, fíjense hasta qué punto el Espíritu Santo está presente o no. Si se predica el evangelio, entonces el Espíritu está presente, aunque predique un asno, como oyeron acerca de Balán, quien obstinadamente predicó el evangelio y la palabra de Dios, pese a que era impío (Números 23 y 24). Del mismo modo habla San Juan de Caifás (Juan 11:49-52), e incluso Saúl fue un profeta (1 Samuel 10:10ss). A la persona no se le debe prestar tanta atención como al oficio. Porque el oficio permanece, incluso en el caso de que personas impías abusen de él. Por lo tanto, en lo que a ustedes concierne, si una persona se ocupa en la Palabra de acuerdo con la ordenanza establecida, hasta ese punto están presentes el Espíritu Santo y el perdón de pecados. Si estuviere basado en nuestra justicia, nunca sabríamos de los dones de Dios.

Se puede tener el Espíritu Santo de dos maneas diferentes: Primeramente, lo puede tener un individuo, de manera que queda justificado, aun si no ejerce el oficio como, por ejemplo, una hija.[2] Ésta es, indudablemente, la mejor manera de tener el Espíritu Santo. Y en segundo lugar, cuando no se tiene el Espíritu Santo para sí mismo, sino para su oficio. Así pues, los pastores malvados, los fanáticos y herejes no tienen el Espíritu Santo para sí mismos, sino por razón de su oficio. Porque el oficio no pertenece a los impíos, sino a Cristo, quien se lo confió a ellos: "A quienes les perdonen sus pecados, les serán perdonados; a quienes no se los perdonen, no les serán perdonados" (Juan 20:23).

Así también les debo obediencia a mis padres, si ellos tratan conmigo según su oficio. Sin embargo, si tratan conmigo según su criterio, y su consejo me obliga a la impiedad, entonces abusan de su oficio según su capricho. Del mismo modo debo obedecer al pastor en todo aquello en que él actúa según se lo indica la ordenanza de Cristo. En cambio, si actúa en contrario, entonces digo: Dejo que publiques el edicto, pero no le doy demasiada importancia, porque por medio del mismo actúas según tu capricho y abusas de ella por interés personal. Pero si lo haces porque tu oficio te lo exige, de modo que perdonas los pecados de esta persona o de aquella y las absuelves, entonces obedezco. Así pues, que todos y cada uno estén atentos si sus pastores los guían según su capricho o conforme con su oficio.

En esto debes distinguir entre los fanáticos y los predicadores genuinos. A ti te toca juzgarlo. Debes tener certeza en cuanto a si el predicador se mantiene dentro de los límites de su oficio o si los traspasa. Tú tienes el evangelio. Si predica en conformidad con el mismo, ¡santo y bueno! Predicar el evangelio es su oficio. Pero si elabora su propio credo, enseñanza o artículo de fe, entonces digo: Ése no es tu oficio, sino tu capricho y tu propia persona. De modo que puedes tolerar esto hasta cierto punto. Es verdad que nadie que no tenga el Espíritu Santo en el desempeño de su oficio puede perdonar pecados, pero ellos no lo hacen por sí mismos. Porque el oficio no es nuestro, no pertenece a la persona, sino al Espíritu Santo y a Cristo. Y hasta el punto que éste sea el caso, hasta ahí el Espíritu Santo acompaña a la persona implicada. Incluso puede suceder que no tenga el Espíritu Santo, en lo que se refiere a una relación personal con el Espíritu, pero sí lo tiene sólo por causa de su oficio.

De tal modo que Cristo le ha dado el Espíritu Santo a la cristiandad y a cada predicador y pastor a fin de que enseñen, conforten y exhorten. Si no fuera así, entonces todo estaría basado en la más completa inseguridad. Yo debería ser bautizado de nuevo mañana, porque no sabría si el bautista es fidedigno. Por esto el pueblo debe cerrar los ojos y encomendar a quien desempeña el oficio a su propia conciencia, que si obra con justicia o no, que si tiene el Espíritu Santo o no. Pero tú debes tener la certeza de que esa persona aún tiene la autoridad de bautizar, predicar y absolver. No es su oficio, sino de Cristo que se lo ha confiado. Si esa persona enseña y ofrece un segundo bautismo,[3] dile: Ahora estás actuando fuera de tu oficio y lo haces partiendo de tu persona; no tiene validez. Suficiente para esta parte.

"Como el Padre me envió a mí, así yo los envío a ustedes" (Juan 20:21), es decir, lo que me sucedió a mí también les tocará a ustedes. No sólo les confiere el mismo poder que él tiene, sino que también los conforta, no sea que lleguen a ser temerosos y ansiosos en cuanto a lo que el mundo pueda hacerles. Cuentan con el ejemplo de Cristo y deben tener la seguridad de que él los envía. El predicador debe tener esta confianza en su autoridad espiritual, si ha de predicar el evangelio y perdonar pecados. Quienes lo obtienen de nosotros, e incluso nosotros mismos, debemos tener certeza al respecto.

Incluso en los asuntos del mundo uno debe contar con la certeza de que actúa según un estilo de vida que cuenta con aprobación, como un príncipe, por ejemplo. En esto, sin embargo, es aún más importante que uno sea enviado. El texto se pronuncia contra los seudoapóstoles, quienes se atribuyen falsamente el oficio con el propósito de mejorar el mundo y ayudar al pueblo. El texto: "Yo los envío a ustedes" contradice todo esto. Se reconoce a los seudoapóstoles en que aparecen como vagabundos, no son enviados y nada se les ha ordenado.[4] No obstante, ellos se jactan de tener el Espíritu Santo, pretenden liberar al pueblo de su error y se apiadan de su alma que se encuentra en el error y pretenden que es el Espíritu Santo quien los mueve. Aquí, sin embargo, oyes que solamente los discípulos de Jesús son movidos, enviados, y llamados a predicar. Incluso si hay quienes aún están tan llenos del Espíritu Santo y hasta son más eruditos, sin embargo no comienzan a trabajar si no son llamados. Está establecido de esta manera de modo que yo debo hacerlo. Esto queda dicho a los subordinados como advertencia, de modo que los que no han sido llamados debidamente no están autorizados a predicar. También el príncipe ha ordenado no prestarles atención a estos predicadores clandestinos,[5] porque esta gente se lleva consigo primero dos, luego diez ciudadanos, y después a toda la multitud.

Al diablo ciertamente le duele que la Palabra se predique en toda su pureza. Por esto les advierto que si vienen y quieren predicar, incluso si el papa fuese el predicador y el ángel Gabriel se presentara, hasta al ángel no se le debe permitir predicar. Siempre empiezan de esta manera: Dicen que quieren salvar a la gente del error. Debe ordenárseles a permanecer callados. Si alguien quiere predicar y su espíritu es genuino, que proceda entonces como es debido:

Ponte de pie y prueba que has sido comisionado a predicar. Y que no diga: ¡Ustedes no quieren escucharme! Es muy posible que usted tenga más erudición que nuestro predicador, no obstante no nos agrada, porque usted no lo hace de la manera correcta. Yo no golpearé tampoco a un ladrón por cuenta propia ni lo ahorcaré en mi propia casa. Hay otro que tiene el derecho y los medios de castigarlo.

Es por esto que estas personas son gusanos venenosos enviados por el diablo. Si fuesen genuinos, irían al Consejo, al magistrado y al pastor, y dirían: Ustedes predican esto y lo otro, pero yo creo que eso no es correcto. Si por causa de esto vienen esas personas que rechazan nuestra enseñanza y recomiendan la de ellos (como me temo que vendrán, y muchos), entonces digan ustedes: Es posible, no desdeñamos su genio, pero utilícelo del modo que corresponde: Cristo envía a sus seguidores al mundo, sin restricciones, provistos de milagros; no venga usted a hacerlo en algún rincón; de otro modo no le creeremos, aunque fuese el ángel Gabriel. Pero si todavía persiste en querer predicar, entonces exíjanle milagros y confróntenlo con este texto: "Yo los envío a ustedes." Digan: Y si usted predicara el evangelio con tanta pureza como al ángel Gabriel, pues pese a ello no debería predicar sino presentarse públicamente, para que otros también lo oigan. El evangelio no es un sermón cargado de odio, sino más bien se aplica a todos en general. Si él dice: "¡Pero no me autorizan!", ustedes respondan: "Cristo no lo autoriza; él solo quiere ser sabio. Si alguien dice algo diferente, no se le presta atención. De modo que no lo escucharé a usted." Les advierto: No es cosa de chanza; cuando las cosas ocurren de manera desordenada, por lo general acompaña la rebelión. Pero si no reciben la autorización, váyanse entonces de la ciudad, sacudan el polvo de sus pies, como hicieron los apóstoles, y carguemos con nuestro pecado, por más malvados que fuéremos. Cristo estuvo ante Pilato y no controvirtió su autoridad, ni tampoco la de Anás ni la de Caifás.

El diablo no descansa: Hay unos cuantos de ellos aquí ahora, como los hubo hace seis años.[6] El diablo ha hecho desfilar muchos de tales predicadores antes de mí, pero ahora están dispersados. Si pueden treparse hasta este pequeño púlpito de madera, con gusto prestaremos oídos a su saber. De otro modo deberán hacer como dice en el evangelio. Siendo que no han sido enviados, sus habilidades no los harán pedazos. Si el Espíritu Santo me apremiara a ir a predicar a Leipzig,[7] no me dirigiría a ninguna casa de esa ciudad, sino que hablaría con el Consejo o con el pastor y preguntaría: "¿Me autorizan a hacerlo?"

Pero gracias a Dios que el Espíritu no me lleva allí y mi sabiduría no es tan grande que me permitiese ver el error de los ciudadanos de Leipzig.[8] Si ellos no lo autorizan, no voy a ir a predicar en algún rincón. Pónganse en guardia, a fin de no ser embaucados por su propio "espíritu". Estos predicadores clandestinos son del diablo. Nadie se ha nutrido tan sin reserva de la gracia de Dios como nosotros lo hemos hecho. Todas estas sectas se han erigido a sí mismas, serpenteando como víboras y excitando al pueblo. Nosotros, sin embargo, estamos situados aquí en el oficio de la predicación: Yo, Martín Lutero, he sido llamado públicamente y me he presentado a las autoridades correspondientes. Nada se hizo a escondidas, sino que fue algo público. El Espíritu Santo no me indujo a mí y a mis hermanos, antes bien, contamos con esta simple palabra: ¡Enviado! Si utilizamos esto apropiadamente, el Espíritu Santo anda cerca.

Todo esto lo decimos de los vermes,[9] para que nadie les preste oídos. Si quieres ser cristiano de verdad, di: Quédense callados, o, si tienen el Espíritu Santo, en ese caso háganse enviar y vengan de una manera metódica a este oficio, por medio del cual me instruirán. Si son llamados, entonces háganlo; de lo contrario, quédense callados, porque ustedes no tienen el oficio de la predicación y del Bautismo, como lo tiene nuestro predicador. Si no te autorizan a decir esto, entonces ve a dar un paseo. Porque el Espíritu Santo no predica en algún rincón, sino públicamente.

"Como el Padre me envió a mí así yo los envío a ustedes", esto es, en primer lugar con el mismo poder, y luego con el mismo infortunio que él mismo experimentó. Debemos estar seguros del llamado. Es lo más glorioso. Sin embargo, no es, en consecuencia, sólo una cuestión de utilizar metódicamente una autoridad particular para ejercer el oficio de la predicación, sino que también tiene que ver con esto: Con lo que pongo en práctica, es decir, que el Señor encarga la Palabra de su resurrección a todos los predicadores y la pone en sus bocas y manos. Cristo fue enviado a rescatar almas perdidas, y así también fueron enviados los apóstoles. San Pablo se jacta (2 Corintios 13:10) de tener el poder, que le ha sido dado por el Señor, para edificar y no para derribar.

¡Si tan sólo nuestros obispos creyeran eso! No hay duda de que han sido enviados y desempeñan su oficio legítimamente, eso no lo podemos negar. Pero no actúan como Cristo y su oficio lo exigen. Deberían ser sencillos rescatadores, salvadores y cristos, porque él no ha venido a destruir almas, sino a salvarlas.

Pero vean qué clase de personas son los obispos: Gobiernan la cristiandad con leyes solamente. Pero si se la gobierna sólo con leyes nuevas referidas a alimentos, votos y vestimentas, se la pervierte. El oficio de la cristiandad es predicar el perdón de pecados y hacerle saber al mundo que es salvado por medio de Cristo, liberado de pecados y desligado de todas las leyes.

El evangelio nos libera de las leyes, pero ellos no hacen otra cosa sino atarnos con leyes y cuerdas pergeñadas por ellos mismos. Incluso el papa no hace otra cosa. Él actúa de esta manera: Perdona los pecados de quienes infringen las propias leyes de él. Así es como se convierte en el anticristo, que establece una ley nueva y un perdón de pecados nuevo, en vez del perdón evangélico por el que quedamos liberados de todas las leyes (2 Tesalonicenses 2:4). Ha fabricado cuerdas para nosotros y nos has atado, y sin embargo se da por sentado que nos libera. Vemos aquí al lobo predicando en el redil de las ovejas. Ayer oyeron ustedes que el cristiano es señor de todas las leyes, pero ellos afligen a la cristiandad con cuerdas incontables.

La autoridad del papa es una autoridad diabólica, la que nos enreda en extremo, particularmente en la conciencia. Por cierto, el emperador nos ata con cuerdas las manos y los pies, nuestro cuerpo y nuestros bienes y todo lo que es nuestro. Eso es correcto en lo que a lo externo se refiere, puede estar bien y puede tolerarse. El papa, sin embargo, ata con leyes y cuerdas la conciencia. Esto quiere decir que no es enviado así como Cristo fue enviado. Ellos ciertamente son llamados y enviados por Dios, pero no a la manera de Cristo, quien fue enviado a ser redentor, que ofrece paz a la conciencia humana, y no embrolla al pueblo con la ley. Con el papa, sin embargo, es al revés: Él impone cargas, confunde y amedrenta al pueblo, así como en tiempos pasados todos los reyes estaban amedrentados ante la dominación del papa; porque su oficio era solamente su propia indisciplina. De esta manera el papa ha abusado del oficio del Espíritu Santo en pro de su persona, aunque fue establecido para el provecho de otros, para perdonar y retener los pecados de otros, para consolar a los afligidos y atemorizar a los impenitentes, aunque ayunen hasta la extenuación.

De manera que el oficio cristiano existe para lo siguiente: Perdonar pecados.[10] Si ellos prestaran atención a esto, deberían reconocer que estamos en este oficio para hacer justa a la gente por medio del evangelio y el perdón de pecados.

Así que por esta palabra lo tienes, que no eres justificado por tus obras o tu vida piadosa, sino por la boca de tu pastor quien debe transmitirte la palabra, de modo que tu santidad se basa en la Palabra que Cristo ha entregado a sus apóstoles. Entonces estarás seguro y no morirás. Con esto él ha hecho pedazos todas las actitudes de justicia y santidad y dado a conocer al pueblo el perdón de pecados por medio de este texto. Todas las órdenes y monasterios quedan así abolidos. Porque si alguien pretende tener el perdón de pecados mediante su particular estilo de vida, entérese que allí está metido el diablo. Aquí, sin embargo, todo eso queda suprimido. Aquí dice: Anima a alguien con una palabra amigable. Eso debe valer más que todas las órdenes.

Éste es el propósito de este texto: "Como el Padre me envió a mí, así yo los envío a ustedes", es decir, para que las personas lleguen a ser justas. ¿Cómo? Por medio del evangelio, no por leyes. Si tú les proclamas una palabra con tu boca, llegan a ser justos. Si quieres hacerlos justos, di: "Tus pecados están perdonados." Un poder como éste no procede del poder del papa, sino de la palabra de Cristo que él ha puesto en boca de todo predicador. De modo que este texto ha de ser considerado glorioso, y supera además a toda enseñanza referida a las obras y al águila imperial.[11]

Notas

[1]Acerca de los donatistas, ver arriba, p. 54, nota 10.

[2]La propia hija de Lutero, Elizabeth, había nacido en el mes de diciembre de 1527.

[3]Una referencia a los anabaptistas quienes rebajaron el bautismo de niños.

[4]Basándose en el texto de Juan 20:22, Lutero desarrolló largamente esta idea en

un sermón predicado el 27 de abril de 1522. Ver Lenker 2:376.

[5]En alemán: *Winkelprediger:* Predicadores anabaptistas que hablan en algún rincón oculto porque carecen de un llamado.

[6]Lutero piensa en los profetas de Zwickau, que habían aparecido en Wittenberg durante su ausencia en el Wartburgo en 1521, y en Carlstadt, quien desde 1521-22 había tratado de reemplazar a Lutero en el puesto de predicador en la iglesia Santa María en Wittenberg, sin la debida autorización.

[7]Improbable en ese tiempo, ya que estaba controlado por el archienemigo de Lutero, el duque Jorge de Sajonia. Poco después de la muerte de Jorge, predicó allí por primera vez en Pentecostés de 1540 por invitación del nuevo Príncipe y el Consejo de la ciudad.

[8]Una declaración irónica, imitando las pretensiones de los *Winkelprediger.*

[9]Lutero hace aquí un juego de palabras: Las palabras "vermin" [vermes] y "shitters" [cagones] se diferencian en alemán por sólo una letra.

[10]Al año siguiente se hace referencia al mismo punto en la Confesión de Augsburgo, artículo XXVIII.

[11]O bien: Más allá de todas las leyes imperiales, o: más allá de las órdenes de aniquilar a los evangélicos.

Martes de Pascua de tarde 30 de marzo de 1529 El propósito de la resurrección de Cristo: Arrepentimiento y perdón de pecados (Lucas 24:45-47)

Esta mañana oímos que Cristo envió a sus discípulos al mundo y los consagró en su oficio de perdonar y no perdonar pecados. Así le confiere al oficio de la predicación esta calidad: Nuestra vida y todo lo que somos estriba en este oficio. Porque está escrito que los predicadores son portadores de la palabra de Dios que trae consigo la muerte y proclama la vida. Es que estas palabras no deben considerarse desprovistas de importancia. San Pablo exalta la frase "el perdón de pecados", en todas sus epístolas. El oficio de la predicación y el evangelio son considerados por él cosas tan maravillosas que las ve como un milagro, y al oficio de la predicación lo llama "el ministerio de la reconciliación" (2 Corintios 5:18), porque Cristo les ha encargado a ellos el oficio que quita la muerte y el pecado y afirma y arregla todas las cosas. Satanás lo sabe muy bien.

Por esta razón es que Satanás se ha esforzado tanto por lograr que este oficio no permanezca puro. De ahí que cuando se predica la reconciliación y el perdón de pecados, los fanáticos proponen algo diferente, es decir, leyes que, como la autoridad del papa o de los obispos, son externas. Y creen que es algo grandioso. A esto se agregaron también los "religiosos",[1] e hicieron sus leyes acerca de los votos. Pero Cristo no pregunta que si comes esto o aquello, que si vistes una casulla u otra vestimenta. Éstas son cosas sin importancia; en vez de esto, sé un mediador, un suministrador y perdonador de pecados, a fin de que quites los pecados de la gente y destruyas la muerte y el pecado. Éste es mi mandato, dice Cristo, que por medio del oficio de ustedes el pueblo quede liberado de pecado.

Ahora el texto continúa con una sección en la que lo expresa con más claridad aún: "Esto es lo que está escrito –les explicó– que el Cristo padecerá y resucitará al tercer día, y en su nombre se predicarán el arrepentimiento y el perdón de pecados" (Lucas 24:46-47). En este texto encuentran ustedes nuevamente lo que he estado predicando estos últimos días. "Y así fue necesario que el Cristo..." (RV). De este modo y no otro. ¿Qué necesidad hay de querer elaborar muchas otras enseñanzas y rangos? "Esto es lo que está escrito", es decir, no sucedió de algún modo arcaico cualquiera, que yo debía morir y no otro, sino que "fue necesario que el Cristo padeciese, y resucitase de los muertos al tercer día; y que se predicase en su nombre el arrepentimiento y el perdón de pecados." (RV). Si el arrepentimiento y el perdón de pecados deben venir, entonces deberá suceder de este modo, que yo, Cristo, haya muerto y resucitado.

Es, ciertamente, un texto poderoso. Con palabras claras pone énfasis en su sufrimiento, y por esta razón nosotros también ponemos énfasis en la meta y el fruto del mismo, para que el arrepentimiento y el perdón de pecados sean predicados. Es como si él estuviera diciendo: Sin esto, si yo no hubiese muerto y resucitado, no habría arrepentimiento y perdón de pecados. Judas y Caín también se arrepintieron. ¿Pero cuál fue el resultado? Caín dijo: "Mi pecado es más grande de lo que me pueda ser perdonado" (Comp. Génesis 4:13), y Judas: "He pecado... porque he entregado sangre inocente" (Mateo 27:4).

Ése es un arrepentimiento que surge de la propia meditación de uno, sin el evangelio de la muerte y resurrección del Señor, que te proclama que tus pecados son tan enormes que Cristo tuvo que morir por ellos. Ése es el "arrepentimiento de la horca";[2] es desesperación, pero no arrepentimiento, es un "arrepentimiento de Judas", porque el arrepentimiento y el perdón de pecados no tienen conexión con esto. Ningún arrepentimiento aprovecha estando separado del evangelio, sino que lastima a la persona.

Si adquiero cartas de indulgencia, y el papa, basado en su autoridad, me otorga la absolución pero no me comunica el evangelio, es lo mismo que nada, porque no está relacionado con la fe y yo no oigo la palabra de Dios. De este modo escribe el papa en sus cartas: "Yo te absuelvo de acuerdo a mi autoridad apostólica", y ha absorbido todo dentro de su propia autoridad y hecho de ello más bien una oración que una declaración, al escribir también en ese mismo lugar: "¡Dios tenga misericordia de ti!" En cambio el predicador debe concluir diciendo: Cristo, Dios, te dice esto a ti. En esto está la verdad. ¡Confía en ello! Pero no tiene nada que ver con la autoridad de los apóstoles y los obispos.

La absolución verdadera debe pronunciarse en el nombre de Jesús, por más humilde que sea el predicador. ¡Presta atención tan sólo a las palabras! "Cristo tuvo que sufrir y morir." La Escritura se cumple en esto de que no hay arrepentimiento o perdón de pecados aparte de Cristo. Quienes estudian las Escrituras diligentemente, lo entienden. En ellas dice: "Pondré enemistad entre ti y la mujer, y entre tu simiente y la de ella; su simiente te aplastará la cabeza, pero tú le morderás el talón" (Génesis 3:13).[3] En aquella ocasión Adán obtuvo arrepentimiento y perdón de pecados en el nombre de Cristo, quien habría de luchar contra el pecado, la muerte y el diablo. Quienquiera que predique de modo diferente, comete un error grave. Cristo tuvo que sufrir. Ésa era una parte.

Pero no debía quedar muerto. Ha cargado con esto en la Pasión, y después, con su Resurrección, obtuvo la victoria. Y esta Pasión y Resurrección deben asirse mediante el oficio de la predicación. De otro modo nadie lo experimentaría ni conocería. La Palabra proclamada lo revela, porque Cristo "les abrió el entendimiento para que comprendieran las Escrituras", "que el Cristo padecerá", etc. Pero no debe quedar allí, sino que ha de ser predicada por doquier y anunciada al pueblo.

Ésta es la razón por la que es una palabra excelente: "En su nombre se predicarán el arrepentimiento y el perdón de pecados." El arrepentimiento no debe ser predicado en el nombre de Judas, Caín, los cartujos, Agustín, Bernardo o Francisco.[4] ¡Fuera con ellos! Tu arrepentimiento y tu vida no deben llevar el nombre de quien pone por obra el arrepentimiento, porque si no es un "arrepentimiento de Caín." ¿Por qué? Si el arrepentimiento se predica aparte del nombre de Cristo, entonces se lo predica en nuestro nombre. Una persona que se arrepiente en el nombre de los cartujos, piensa: Con ésta o esotra obra expiarás el pecado. Ese arrepentimiento es obrado en el nombre de los cartujos, porque ellos tienen el nombre y la obra, lo mismo que todo artesano obtiene su nombre de su obra.

A Satanás le encanta ese arrepentimiento. Porque sabe muy bien cuál es el objetivo al que sirve, es decir, que finalmente la persona desespera. El arrepentimiento debe ser algo más elevado, es decir, debe obrarse en el nombre de Cristo. Debe ser un arrepentimiento que no ocurre por medio de nuestra obra o el remordimiento por nuestras acciones, como cuando Judas vio lo que había hecho y quiso arrepentirse. En cambio el remordimiento y arrepentimiento en el nombre de Jesús exceden todas las obras buenas y malas.

El arrepentimiento es el mismo para el más grande de los santos que para el más grande pecador. Hagamos lo que queramos, pero en esta vida sólo tenemos una existencia condenada. Sin embargo nadie quiere oír acerca de tal arrepentimiento, aunque sea el arrepentimiento que Cristo desea, es decir, que todos debemos decir: "Soy pecador." Pero ahí viene Caifás y Anás con todos los santos que dicen: "Oh Dios, te doy gracias porque no soy como otros hombres –ladrones, malhechores, adúlteros– ni mucho menos como ese recaudador de impuestos. Ayuno dos veces a la semana y doy la décima parte de todo lo que recibo" (Lucas 18:11ss), según se expresó el fariseo. Pero Cristo quiere crear un arrepentimiento que exceda todos éstos. Pues dice: Todos lo que se apartan de mí están condenados, y quienquiera que no confiese ser pecador está perdido.

De manera que honestamente deben decir: "Somos siervos inútiles; no hemos hecho más que cumplir con nuestro deber (Lucas 17:10), porque incluso antes de hacerlo, soy culpable cien veces delante de Dios." Cuando todo está dicho y hecho, si has guardado los 10 Mandamientos, no por esto te ganas el cielo. ¿O qué le has dado tú al Señor Dios para que él te dé cuerpo y alma y todas las facultades? Si él quisiera arreglar cuentas contigo, te encontrarías con que estás diez veces más endeudado con Dios por aquello que te ha dado. Por lo tanto, aún no tienes nada que contraste con el cielo. Si has de tener algo más, entonces tiene que ser algo más elevado. Reconoce, por tanto, que todo es pecado y que mereces la condenación.

El Señor habla de esta clase de arrepentimiento. Con éste uno no caerá fácilmente en el "arrepentimiento de Judas", porque es un arrepentimiento salvador que procede de Cristo. Los impíos se tropiezan con un solo pecado, y si pueden hacer satisfacción por ello, es suficiente, eso creen. Ése es un arrepentimiento pordiosero y parcial. Pero el arrepentimiento cristiano consiste en creer que todo es pecado. Consecuentemente, no hay satisfacción. El arrepentimiento, según la Sagrada Escritura, es un arrepentimiento sin satisfacción.[5] En primer lugar, es necesario que yo reconozca mi error y mi pecado, y lo trate como mi enemigo, pero también que reconozca que no puedo hacer satisfacción por él. Ya que si todo es pecado, entonces incluso las obras con las que pretendo hacer satisfacción son pecado.

De ahí que cuando esta palabra de arrepentimiento se predica en el nombre de Jesús, desplaza ese arrepentimiento que queda definido en los libros de leyes del papa; porque ante Dios, todas las buenas obras son pecado. Consecuentemente, debo decir: Mis obras no lo logran. Esto es lo primero que se le predica al mundo, es decir, que es incapaz de hacer algo. Si el mundo lo confiesa, se alinea con este arrepentimiento. Si no lo hace, está alineado con el "arrepentimiento de Judas" y no desea recibir un arrepentimiento total, sino sólo parcial, como los santos que dependen de las obras, los cuales tienen una satisfacción pordiosera y parcial por un pecado, pero no reconocen los demás pecados.

Pero éste no es un sermón para la ralea común. Aún así, siendo que se nos presenta la oportunidad, debemos hablar de estas cosas sumamente cristianas, para que los que son de Cristo marquen una diferencia entre la fe y las obras. El arrepentimiento es un arrepentimiento completo sin obras. Es decir: Si Cristo Jesús dice que soy pecador, lo creo, y creo que todo lo que hay en mí queda condenado, y lo confieso. Pero tal arrepentimiento no puede ocurrir sin fe. La razón no lo cree porque piensa que sigue habiendo algo bueno dentro de nosotros. El arrepentimiento verdadero comienza con fe en el nombre del Señor. Así uno no desespera, porque no es un arrepentimiento de Judas, sino que procede de la Palabra, la cual dice que todo es pecado. Ésta es una fe firme y permanece firme y es ventajosa por esta razón: Le sigue el perdón de pecados.

Si Cristo hubiese querido hablar como lo hace el papa, habría dicho: "Arrepentimiento y satisfacción por los pecados." En cambio dice: "Arrepentimiento y perdón de pecados", es decir, que se reconoce el pecado y se lo perdona. El mundo no conoce estas dos partes, y los papistas no le enseñan a uno a reconocer el pecado. Pero, predicar el arrepentimiento quiere decir enseñar un conocimiento correcto del pecado y señalar hacia Cristo. Por lo tanto, hazlo armonizar como hace Cristo: "Así está escrito, y así fue necesario que el Cristo padeciese, y resucitase de los muertos al tercer día; y que se predicase en su nombre el arrepentimiento y el perdón de pecados" (Lucas 24:46-47 RV). Si los armonizas, entonces el arrepentimiento y el perdón de pecados son rayos dirigidos contra ese arrepentimiento hipócrita, que consiste en la satisfacción mediante las obras.

En realidad, hemos mostrado arrepentimiento en la esfera de la política y en el papado. Pero el verdadero arrepentimiento se predica en el nombre del Señor que sufrió y resucitó de los muertos. Su sufrimiento, muerte y resurrección deben darnos esto, que una persona reconozca sus pecados y el perdón de éstos. Si Cristo no hubiera muerto, no sabríamos nada de este arrepentimiento y perdón de pecados. Todos los que cuentan con la justicia por las obras, predican el arrepentimiento en su propio nombre y desesperanza. Ésta es la razón por la que el Señor dice que su obra ha sido lograda, a fin de que nos sea proclamada y nos lleve al conocimiento del pecado; entonces, inmediatamente, el perdón le sigue, pisándole los talones.

Por esta razón es que entre la cristiandad el pesar por el pecado y la satisfacción no sirven de nada en relación con el pecado, sino solamente el conocimiento puro del pecado y la promesa segura de que los pecados son perdonados. Aparte de Cristo no hay conocimiento del pecado, ni que hablar del perdón, porque los que cuentan con la justicia por las obras no creen que él ha muerto por ellos, y dicen: "Yo he tomado estas sagradas órdenes, para no tener necesidad de Cristo. No sé nada de pecado alguno. Y si peco, puedo hacer penitencia con mis obras." Y así, entonces, Cristo es superfluo. Pero si quienes oyen la Palabra (la cual es predicada en su nombre y que a todos llama pecadores, incluso a los más santos) la creen, entonces sus pecados están perdonados; si no creen, no quedan perdonados. ¡Quienquiera que pretenda no ser pecador, raspe y tache las pequeñas palabras "arrepentimiento" y "perdón de pecados", y no preste oídos a este sermón! Estas palabras las encontramos escritas aquí con suma excelencia. Con ellas Cristo se cierne encima de toda santidad basada en la ley.

"A todas las naciones." Nadie queda excluido; es verdad para todos: ¡Enmienda tu camino! El mundo dice: ¿Pero cómo? No siento pecado. ¡No puedo creer tales palabras! Responde de esta manera: ¡Si tus pecados no te acicatean, que lo haga la Palabra! Di: ¿Quién conoce sus propios pecados? ¡Le creo a tu Palabra que dice que soy pecador!" Si esto es cierto, entonces estás perdonado si tan sólo te reconoces pecador con toda seriedad.

Ahora bien, lo que el perdón de pecados ofrece, eso ya lo has oído muchas veces: Es pura gracia; es un regalo, no es mérito. Porque si algo se regala, uno no se lo gana; no se lo obtiene ni mediante todas las buenas obras y méritos del mundo. Pero el arrepentimiento y perdón de pecados, que están contrapuestos uno al otro, se encuentran, no obstante, mutuamente unidos. ¿Cómo pones en armonía esto? En el papado no, porque allí se dice: "El arrepentimiento es satisfacción por los pecados." Eso no concuerda con el perdón. Por este motivo no se toleran mutuamente. Esto ha sucedido porque han definido el arrepentimiento a la manera de la autoridad del mundo, en que un juez castiga al ladrón haciéndole purgar la condena.

Pero si una persona hace satisfacción por sus pecados, no es un arrepentimiento centrado en el evangelio, sino que es sólo de esta tierra. Antes bien, el arrepentimiento centrado en el evangelio consiste en reconocer y en creer que somos pecadores incapacitados de arrepentirnos. Es confesar y reconocer el pecado, como dice San Pablo: "Mediante la ley cobramos conciencia del pecado" (Romanos 3:20). De modo que cuando dice: "Pues todos han pecado" (Romanos 3:23), yo digo: "Sí, Señor, lo creo aunque no lo sienta." El arrepentimiento es el conocimiento del pecado que procede de la palabra de Dios, la cual dice que todos somos pecadores. Este arrepentimiento no está en pugna contra el perdón de pecados, porque reconoce el pecado, como dice el Salmo 51:4: "Contra ti he pecado, sólo contra ti, y he hecho lo que es malo ante tus ojos; por eso, tu sentencia es justa, y tu juicio, irreprochable."

El significado verdadero de estas palabras consiste en saber que el arrepentimiento es reconocimiento y confesión de pecados, que todo está perdido y que no existe otro medio y consejo contra el pecado que esto: Perdón. De tal manera el cristiano llega primorosamente al arrepentimiento verdadero.

Después, tenemos que aprender a hablar de la justicia y la verdad de modo diferente del que hablan el papa y el mundo. Ellos también hablan de este tema, y dicen: La justicia consiste en que yo trato de darles a los demás lo que se merecen. ¡Seguro, déjame en paz y trata de darle al Señor lo que a él le corresponde![6] Al contrario, la Escritura llama justicia a otra cosa, es decir, la fe en Cristo. Quien dice esto no es la razón sino la Palabra. La razón dice: ¡Haz penitencia! Sí, si has pecado también debes hacer penitencia siendo castigado. Entonces dice el papa: "Debido a que ésta es la manera como sucede en el mundo, es lo mismo en el evangelio."

Pero el arrepentimiento consiste en reconocer que todo lo que es mío es pecado. Nunca reconocerás esto por medio de la razón. Cristo, sin embargo, ordena que en su nombre se predique el arrepentimiento: "Por eso, tu sentencia es justa, y tu juicio, irreprochable" (Sal 51:4). Esto es arrepentimiento, y al mismo tiempo tienes el perdón de pecados, porque reconoces tus pecados y eres un judío genuino[7] y confiesas, acorde con la palabra de Dios, que todo es pecado. Esto no está en armonía con la razón, la cual dice: "Si practico la justicia externa, no es pecado."

Por cierto, esa realmente es justicia de este mundo; sin embargo delante de Dios no es importante, porque aquí el arrepentimiento y el perdón de pecados se predican en su nombre. El verdugo no permite que uno se arrepienta del pecado de esta manera. Si alguno ha confesado su pecado, le dice: "¡Presenta tu cabeza!" Pero aquí, cuando una persona ha confesado su pecado, no debe saber de ninguna otra satisfacción que no sea el perdón de pecados. La satisfacción cristiana no es otra cosa sino perdón. Cristo, su sufrimiento y su resurrección lo han logrado. Tú estás perdonado por su causa.

No obstante, la iglesia romana se mofa de esto. Exige una satisfacción de este mundo, la cual no tiene validez en el evangelio. En el evangelio, la satisfacción no es otra cosa que el perdón de pecados, de modo que el cristiano puede aprender: La satisfacción es el perdón de los pecados. Pero mediante la vara de los padres y los maestros de las escuelas, se nos inculca que si uno tiene conciencia del pecado, entonces habrá castigo. Y la iglesia cristiana y la autoridad han aprendido de esto a aplicar la sensación y la experiencia: Habiendo pecado, debe haber satisfacción.

Ésta es la razón por la que, ciertamente, es necesario confesar: Soy pecador. Pero es necesario proceder con cautela a fin de no ceder a un arrepentimiento mundano, no sea que yo niegue a Cristo. Pero si tienes conciencia de tus pecados, estás ubicado precisamente en el lugar donde Cristo ordena que el arrepentimiento se predique en su nombre. Si crees que todo es pecado, cree entonces que todo está perdonado. Estos dos no deben separarse. Obtienes ambos: El conocimiento del pecado y el perdón del pecado. Es por esto que el énfasis mayor está puesto en el perdón de los pecados mediante el sufrimiento y resurrección de Cristo. Mis obras no lo logran, porque entonces debería negar a Cristo. ¡Si quieres hacer satisfacción, en ese caso no necesitas el perdón de pecados y algo mejor que Cristo y Dios! ¡Y que el diablo te ayude!

Judas trató su arrepentimiento según su razón y no comprendió la declaración de que el arrepentimiento y el perdón de pecados deben predicarse en el nombre de Cristo. Nuestros adversarios no toleran esta enseñanza, sino que dicen: Hay cosas que son pecado, otras no lo son. Queremos hacer satisfacción por uno con el otro. Al mismo tiempo esta gente destruye así el sufrimiento de Cristo y su resurrección. Tal castigo y penitencia no deben tener cabida en el evangelio. En vez de esto, debe predicarse el arrepentimiento verdadero a todo el mundo.

Así hemos hablado ahora acerca de la resurrección de Cristo y de cuál es su propósito.

Notas

[1]En alemán: *Geistliche:* religiosos, un término común para monjes, monjas y frailes.

[2]El remordimiento frente a cierto castigo.

[3]Siguiendo la tradición exegética, Lutero interpreta este texto como el primer evangelio y promesa de Cristo a Adán y Eva.

[4]Los tres últimos nombres se refieren a importantes figuras de las órdenes agustina, cistercense y franciscana.

[5]En las *Instructions for the Visitors of Parish Pastors in Electoral Saxony* [instrucciones para los inspectores de pastores de parroquia en la Sajonia del Electorado] de 1528 (LW 40:293-97), Lutero y Melanchton rechazan la satisfacción, la tercera

parte del sacramento de la penitencia del medievo (junto con la contrición y confesión). También vuelven a definir los primeros dos por toda la ley y el evangelio.

[6] Lutero ataca aquí el uso de la definición filosófica de justicia, derivada de Aristóteles y Cicerón, en la interpretación del evangelio. Esta definición resurge en los proverbios ingleses, "To each his own" [a cada cual lo suyo] y "just desserts" [justo merecimiento]. El rechazo de esta definición por parte de Lutero, forma parte necesaria de su así llamado logro de la Reforma, en que interpretó Romanos 1:17 según una justicia pasiva (en que Dios declara que cada cual es justo mediante la justicia de otro, Cristo, por la fe), y no según la justicia activa (en la que Dios le da a cada uno su "justo merecimiento"). Ver LW 31:336-38.

[7]Ver arriba, p. 172, nota 1.

Miércoles de Pascua de mañana
31 de marzo de 1529
La resurrección de la carne
(1 Corintios 15:1ss)

Durante estos días de Pascua apenas hemos hecho referencia al tema de la resurrección, porque hay muchísimo material a disposición. En primer lugar, han oído que debe creerse que Cristo ha resucitado, de acuerdo con el relato, y el valor que tiene para nosotros consiste en que, habiendo estado en pecado volvemos a la vida y quedamos liberados de todos los pecados, y el alma resucita. Pero cómo ha de resucitar una persona corporalmente, es algo que aún no hemos considerado. Sin embargo, ahora queremos considerar qué dice el Credo Apostólico. Y con referencia a esto nos interesa lo que dice San Pablo a los corintios: "Ahora, hermanos, quiero recordarles el evangelio que les prediqué" (1 Corintios 15:1).

¡La actitud que el apóstol adopta aquí es, sin duda alguna, como si todo el evangelio no fuese otra cosa que la resurrección de Cristo! Por lo tanto insiste con este artículo de fe en su predicación. En ningún otro artículo puso énfasis con tanta insistencia. Esto también es necesario para nosotros, porque Satanás quiere desviar nuestra atención de este artículo de fe y plantea preguntas extrañas. Por eso dice San Pablo: "Esto es lo que predicamos, y esto es lo que ustedes han creído" (v. 11). Pero ustedes se vienen con toda clase de preguntas, y de este modo pierden a ambos, el sufrimiento de Cristo y su resurrección.

"Ahora bien, si se predica que Cristo ha sido levantado de entre los muertos, ¿cómo dicen algunos de ustedes que no hay resurrección?" (v. 12). Esas personas eran los hijos amados y alumnos de San

Pablo, que habían aceptado la predicación del evangelio y ahora habían sucumbido a toda clase de errores. Declara formalmente que hay entre ellos quienes dicen: Cristo está muerto. Si está muerto, muerto está y nunca más ha de volver. En esto estaban ocupados los corintios.

Entonces no debería sorprendernos si lo mismo ocurre entre nosotros. El apóstol confirmó esta enseñanza con milagros y demostración del Espíritu Santo. Así y todo, mientras él aún vivía sus enemigos comenzaron a burlarse. Y esto, necesariamente, prepara el terreno también para otros errores que siguen. Si uno no se mantiene fiel al artículo de fe de la resurrección de Cristo como debe hacerlo, todos los demás artículos están perdidos.

Ésta es la razón por la que se nota, incluso hoy, una gran falta de fe en este artículo, de modo que son pocos quienes creen el artículo de fe de la resurrección de la carne. Particularmente en Italia y entre la nobleza y los peces gordos, se considera ridículo predicar que habrá una resurrección de los muertos, y consecuentemente se burlan: "¿Acaso crees que un tipo se esconde dentro de otro? ¿No crees que una vez muerto, el alma deja el cuerpo como una arveja deja la vaina?"[1] Pero nosotros creemos en la resurrección de la carne. Carne quiere decir el cuerpo físico. "Y aquel Verbo fue hecho carne" (Juan 1:14 RV), es decir: Una persona es un ser que tiene un cuerpo viviente que nadie puede tener a no ser que cuerpo y alma estén unidos.

Nosotros creemos que ambos, cuerpo y alma, volverán a unirse nuevamente. Es algo difícil de creer, porque la razón se fija en la operación, y los ojos ven que el cuerpo ha sido cubierto de tierra. Y no hay cuerpo muerto más inmundo y hediondo que el de una persona muerta. Así, debo decir: Uno es incinerado, el otro despedazado; aquí uno deja un brazo, más allá un hueso. Si lo quieren medir utilizando la razón, se quedan sin la resurrección de los muertos. Surgen entonces ideas tan extrañas, que hacen que uno diga: No hay nada de cierto acerca de la resurrección de los muertos. Cosas así suceden en todas partes donde se imparte la enseñanza cristiana. Como con los pecados: Si los consideras, seguramente no aceptarás el perdón de pecados. Ya es demasiado tarde para ver si para la razón tiene sentido o no. Así sucede con los fanáticos que dicen: El pan es pan, ¿cómo puede el pan ser cuerpo? El agua es agua, ¿cómo puede el agua cubrir el alma y darle vida eterna? ¡Es imposible!

Debido a esto es que San Pablo les imparte este conocimiento y los llama a reflexionar acerca de este sermón: "Esto es lo que predicamos, y esto es lo que ustedes han creído" (v. 11). Si no se deja que persista en la Palabra, es imposible que la razón crea algo. Porque va en contra de la experiencia y percepción de la razón, de modo que no lo puede comprender. La razón ve un cuerpo en la cruz entregado a la corrupción y a los gusanos que devoran, y piensa: ¿Se da por sentado que va a resucitar? Entonces ciertamente no debería perecer ignominiosamente como perece cualquier otra criatura viviente. Uno consume otros animales silvestres; las personas son sepultadas entre los gusanos. Es más fácil de creer que todas las aves resucitan que creer que resucitan las personas. Es lo mismo también con los pecados. Nuestra conciencia está tan zamarreada con la experiencia del pecado, que cuando hablo del perdón de los pecados, aquélla me replica: Mi corazón me dice algo completamente diferente.

Si vas a juzgar según percibes y ves, entonces lo hemos perdido. En ese caso el sermón no está en tu corazón sino en tu razón, la cual medita sobre los artículos de la fe. Si no quieres creer que la Palabra tiene más valor que lo que tus ojos ven y tus sentidos perciben, estás acabado. Es por esto que la resurrección de los muertos es un artículo de fe que debe aceptarse por la fe. Yo no percibo que Cristo ha resucitado, pero la Palabra lo dice. Siento el pecado, pero la Palabra dice que los que creen están perdonados. ¡Pero no veo la fe! Veo que los cristianos mueren igual que todos los demás. Pero la Palabra dice que ellos resucitan.

Por lo tanto no se puede juzgar según la percepción y la vista, sino según la Palabra. Nada hay más grande que lo que los predicadores evangélicos expresan con sus labios: Tú señoreas sobre Satanás, los diablos y el infierno. Nuestros adversarios dicen: Eso es pura tontería. Porque ven en nosotros lo opuesto, es decir, que nos encontramos bajo el poder del diablo y del pecado. Por causa de esto, juzgan de acuerdo con lo que tienen delante de los ojos. En cambio, nosotros predicamos que señoreo sobre el diablo y aún así siento que estoy bajo su dominio. Lo uno tiene que sentirse, lo otro hay que creerlo. La percepción debe seguir a la fe, no precederla.

Satanás se tira contra mí con todos sus tiranos y fanáticos, quienes son mucho más fuertes que nosotros, y sin embargo el evangelio quiere que creamos de modo diferente de lo que vemos y sentimos, es decir, que aunque yo sienta que el diablo señorea sobre mí, crea que es mi siervo y que por tanto yo triunfo y lo subyugo.

De ahí que los fanáticos son derrotados por el hecho mismo de que me dominan. Eso no lo veo, pero lo creo. Es lo mismo con esto, que aunque siento el pecado y una conciencia afligida con pecados, sin embargo triunfo sobre el pecado no en mi percepción sino en la Palabra. La muerte también es derrotada de la misma manera. ¡Pero, dirás tú, sin embargo sigue viniendo con la peste, o el verdugo me hace arder en la hoguera o me ahoga! ¡Linda manera de señorear sobre la muerte! Respuesta: ¡Soy uno según la percepción, el otro según la fe! Por lo tanto, los que están sepultados hieden y son devorados, y sin embargo son más hermosos que las estrellas del cielo. Lo uno lo veo, lo otro no. E incluso así debe ser con Cristo. Ciertamente fue difícil para los judíos creer que Cristo, que yacía en la tumba sellada, señorease sobre la muerte estando aprisionado por la muerte. No obstante, dice San Pablo, ambas afirmaciones son verdad.

Ésta es la razón por la que frecuentemente digo a todos los que quieren ir en pos de la razón: Protéjanse del "¿por qué?" y de quedar sumidos en la meditación. Eva fue víctima de toda clase de tentaciones por causa de esto, es decir, por causa del "¿por qué?" Y cuando confundes el "¿por qué? con otro, estás perdido, tan seguro como lo estuvo Eva. Pero, si no prestas oídos al "¿por qué?" sino que, por el contrario, te aferras a la Palabra, estás en el paraíso. Una gran muchedumbre se ha dejado apartar de la Palabra por el "¿por qué?" San Pablo se lamenta porque los corintios comienzan a decir que la resurrección no es nada. Siendo que estos son dichos y palabrerío de ellos, y no la predicación de Pablo, deben estar equivocados.

Si este artículo de fe ha de quedar en pie, entonces es necesario aferrarse a la Palabra. Es por eso que San Pablo dice aquí: "Ahora, hermanos, quiero recordarles el evangelio que les prediqué, el mismo que recibieron y en el cual se mantienen firmes" (1 Corintios 15:1). Ustedes han aceptado el evangelio, en esto se mantienen firmes y en esto se salvarán. Así los aparta completamente del "¿por qué?" y los encamina hacia su evangelio. Si están determinados a mantenerse firmes y no ser derrotados, entonces se mantienen firmes sólo en el evangelio. Él, Dios, les otorga el poder de hacer frente a Satanás basados en ninguna otra cosa sino el evangelio. Quienquiera que no tenga el evangelio o deja que sea tergiversado, nunca está firme. Por esto es que el diablo es un soldado profesional,[2] y es la razón por la que intenta lograr una sola cosa: Arrebatar la Palabra. Logrado esto, nos tiene donde quiere tenernos. De ahí que la quita por medio de los fanáticos y las sectas y por medio de los atribulados pensamientos del corazón. Porque el evangelio solo, es para él un peso tan complicado que no lo puede tolerar.

Ésta es la razón por la que el apóstol dice en los versículos siguientes: Predicamos que Cristo ha resucitado "según las Escrituras" (v. 3). Lo repite a machamartillo, y no sin razón. Porque no habrá constancia en nuestra fe que dure, a no ser que la Palabra concreta, hablada, esté arraigada en nuestros corazones. La Escritura no es sólo algo escrito. Los entusiastas la llaman una letra que no brinda la vida. Y aunque no otorgase vida, el texto aquí dice que debemos aferrarnos a la Escritura o si no perderemos a Cristo. Predicamos a Cristo no según la razón, no según la sabiduría del mundo o sabiduría humana, no según leyes y mandamientos humanos, no según los propios pensamientos de nosotros, sino "según las Escrituras", las que deben ser un testimonio en nuestros corazones frente a todas las objeciones de la razón.

Por esta razón es que un cristiano dice: Éste ha muerto de peste y hiede.[3] Pese a que allí deja de brillar el sol, un cuerpo más hermoso que el sol va a la tierra. Pero yo no lo veo. Cierto, pero "según las Escrituras". La razón no comprende que en un cuerpo hediondo yazga escondida una vida nueva semejante a un sol. Aférrate a la Escritura sola, la cual nutre esta fe. De la misma manera es con Cristo. Él yacía en la tumba, pero "al tercer día" lo vieron. Consideren, dice San Pablo, lo que han oído y lo que se les predica. En esto se mantendrán firmes –si se aferran al evangelio que han recibido– y serán salvos. Y ustedes conocen "el evangelio que les prediqué".

Vean con cuánta severidad los exhorta y reprende al mismo tiempo. Nada faltaba en el sermón. Si falta algo, es culpa nuestra. Si no lo han guardado, entonces "habrán creído en vano". ¿Quién se atreve a decir tal cosa? San Pablo no habla acerca de guardar los mandamientos, sino el evangelio. Si no han guardado esto, "habrán creído en vano". Es como decir: Yo no he predicado la palabra de manera tal que ustedes hablen de la resurrección según la razón. Eso es predicar acerca de los muertos del modo en que el común de la gente y el mundo hablan. Si ustedes pierden esa palabra que yo les he predicado, entonces también han perdido la fe. Porque ésta es la manera del mundo, que ha renunciado a la fe. Precisamente así, también, han perdido ustedes todo.

Sin embargo, el consuelo más grande estriba en que los cristianos ya se encuentran en la vida eterna, con tal que presten atención a la Palabra. En esto ven que está su vida, como en el artículo de fe: "Creo en la resurrección de la carne." Ya es parte de su cuerpo, sólo que aún está en el futuro. Por cierto que esta vida eterna hará que aborrezcan la vida actual, de modo que deseen y esperen la vida futura. Pero si se da lo opuesto, son personas mundanas.

Si he de creer esto –que cuando soy cristiano puedo vivir y considerar la muerte como una nadería aunque nos mate– entonces la fe y la Palabra son necesarias, pero no la razón. Y debe tenerse en cuenta que la Palabra no es un sueño humano, sino la Palabra de Dios. Cristo, que murió en semejante ignominia y deshonra, ha resucitado. Nadie jamás sufrió una muerte tan llena de desesperación; porque sus enemigos eran vencedores y su olor llenó el aire, como sucede cuando nuestros cuerpos contaminan el aire con su hedor. Y aún así probó que la Escritura es veraz.

Pero en esto no hay razón o sabiduría; ellos no han percibido ni el más leve vislumbre de estas cosas. De acuerdo con estas palabras, Cristo debía permanecer con vida en la tumba. Por lo tanto, también será así con nosotros: Nos pudriremos, pero la Palabra vive, y en esto brillamos como el sol. En la tumba, en la peste, no veo vida, sino sólo en estas palabras: "Creo en la resurrección de la carne" y después como sigue en nuestro texto: Si Cristo ha resucitado, entonces nosotros también resucitaremos (1 Corintios 15:20).

Una declaración implica la otra. Pero, ¿qué haré si mi fe es frágil? Entonces sé, señoreo sobre todos los fanáticos y el diablo, ciertamente no según mis sentimientos, sino por la fe. "El mayor servirá al menor" (Génesis 25:23). El que tiene la Palabra señorea sobre todo, "para que pueda saber que la piedad es más poderosa que todo" (Sabiduría de Salomón 10:12). Pero esto no lo pudimos comprender por causa de la fragilidad, porque al respecto sentimos lo opuesto. Entonces siento el pecado y me vuelvo frágil. Debo de tener una conciencia pura y aún así mi corazón está sujeto.

Según mis sentimientos es inmensamente diferente, porque Satanás, la carne y el mundo me atormentan dolorosamente. Si fuese una cuestión de sentir, todo estaría perdido. Pero precisamente cuando siento que el pecado me agobia, señoreo sobre el pecado, porque Cristo ha muerto por mí. Cuando lo veo morir, se ve únicamente fragilidad. La palabra de la Escritura es frágil, y la plaga, la cruz y la espada despiertan entusiasmo en todo el mundo. Pero aunque sigo siendo tan frágil, si tan sólo me aferro a la Palabra, me abro camino en todas estas calamidades, y la Escritura quedará en pie.

Ésta ciertamente es nuestra lucha. Es por esto que la fe no es una idea, sino un bravo guerrero que con toda valentía debe aferrarse a las palabras: "Creo en la resurrección de la carne." Pese a todo, esta Palabra es un poder tan enorme que puede rasgar el cielo y sacudir la tierra y abrir todas las tumbas. La razón dice: No hay resurrección. Pero la Palabra puede hacerlo y lo hará. San Pablo dice que todos los que se mantienen firmes en esta Palabra serán salvos (v. 2). No importa cuán frágiles estén debido a la plaga y la muerte, aún así vivirán gracias a la Escritura, no gracias a la percepción.

Satanás siempre se ha situado en oposición a la Escritura, pero nada puede hacer. Mientras la palabra de la resurrección sea parte de ustedes, nada puede hacerles, como dice la Escritura: "[Dios] le otorgó la palma en un rudo combate, para que supiera que la piedad es más poderosa que todo" (Sabiduría de Salomón 10:12). Nadie sabe cuán poderosa es la Palabra, no sólo en la contienda y la incertidumbre, sino también en proteger de todo error a quien está en la verdad. Si no te aferras a la Palabra sola, darás en tierra con todo. Contra tales embates no hay otra defensa excepto la Palabra sola. Los fanáticos no lo creen, y andan dando vueltas con ideas "entusiásticas". Al no renunciar a sus propias ideas, no hay para ellos consuelo. Sólo puedo hallar consuelo por medio de la Palabra: Cristo murió y ha resucitado. Si la Palabra no es suficiente, estás perdido.

No existe otra manera en que puedas ser consolado. Debemos aferrarnos al evangelio que hemos recibido. Si Cristo hubiera tenido otra manera de vigorizarnos que no fuese mediante el evangelio, San Pablo nos lo hubiese hecho saber. No cuesta dinero ni exige esfuerzo, sólo que el corazón diga sí. De otro modo no servirá. Pero si el corazón cree en él, entonces podrá hacerle frente a todos los demonios y al mundo. Incluso si un niño pequeño es frágil, la madre no lo arrojará de sí porque huela mal y sea debilucho, tenga sarna y esté desahuciado. Pero si el niño queda fuera del alcance de los cuidados de su madre, está fastidiado, entonces te comen los piojos. Pero en este tiempo nuestro se ve claramente que este artículo de fe no se acepta. En Italia en realidad se lo niega y se le hace burla. La palabra de la resurrección necesita mucho énfasis.

Sea esto suficiente por hoy para comenzar a hablar del tema.

Notas

[1]Lutero caricaturiza aquí las creencias de los discípulos del platonismo italiano, tales como Pico De La Mirandola (1463-1494), quien afirmaba la transmigración de las almas, al igual que Platón.

[2]En alemán: *Junker:* Noble que debía pelear por su señor.

[3]La plaga había arrasado hacía poco con Wittenberg, en 1527. Lutero y Bugenhagen, ambos pastores de la ciudad, habían quedado en la ciudad para consolar a los enfermos y afligidos, sepultar a los muertos y ayudar a los sobrevivientes. Ver LW 43:113-38.